Reportagem na TV
como fazer, como produzir, como editar

Proibida a reprodução total ou parcial em qualquer mídia
sem a autorização escrita da editora.
Os infratores estão sujeitos às penas da lei.

A Editora não é responsável pelo conteúdo deste livro.
Os Autores conhecem os fatos narrados, pelos quais são responsáveis,
assim como se responsabilizam pelos juízos emitidos.

Consulte nosso catálogo completo e últimos lançamentos em **www.editoracontexto.com.br**.

Reportagem na TV
como fazer, como produzir, como editar

ALEXANDRE CARVALHO
FABIO DIAMANTE
THIAGO BRUNIERA
SÉRGIO UTSCH

Copyright © 2010 dos Autores

Todos os direitos desta edição reservados à
Editora Contexto (Editora Pinsky Ltda.)

Montagem de capa
Gustavo S. Vilas Boas

Diagramação
Kenosis Design

Coordenação de texto
Luciana Pinsky

Preparação de textos
Lilian Aquino

Revisão
Rosana Tokimatsu

Dados Internacionais de Catalogação na Publicação (CIP)
(Câmara Brasileira do Livro, SP, Brasil)

Reportagem na TV : como fazer, como produzir, como editar /
Alexandre Carvalho...[et al.]. – 1. ed., 1ª reimpressão. –
São Paulo : Contexto, 2024.

Outros autores: Fabio Diamante, Thiago Bruniera, Sérgio Utsch
ISBN 978-85-7244-457-6

1. Telejornalismo 2. Telejornalismo – Brasil I. Carvalho,
Alexandre. II. Diamante, Fabio. III. Bruniera, Thiago.
IV. Utsch, Sérgio.

09-12107   CDD-070.195

Índice para catálogo sistemático:
1. Telejornalismo 070.195

2024

EDITORA CONTEXTO
Diretor editorial: *Jaime Pinsky*

Rua Dr. José Elias, 520 – Alto da Lapa
05083-030 – São Paulo – SP
PABX: (11) 3832 5838
contato@editoracontexto.com.br
www.editoracontexto.com.br

Sumário

Introdução 7

Telejornalismo 11

    Trabalho de equipe 16

    Interesse público *x* interesse do público 18

Reportagem especial: o que é? 21

    Em busca de um público em mutação 24

    A especial depende do olhar 27

Escrever com imagens 31

    Fugindo da fonte governamental 33

    Pauta 35

        As imagens 37

        As entrevistas 38

        As fontes 39

        Investigando os prestadores de serviço 41

    Reportagem 41

        O texto 49

        Passagem 58

        Reportagem participativa 59

    Edição 65

        Áudio 68

Trabalho em equipe 71
  Planejamento 75

E quando o assunto é denúncia? 77
  Reportagem investigativa 78
  A evolução ou retrocesso 79
  Reportagem sobre investigações 80
  A mídia como palco para as discussões sociais 83

Proposta de um novo modelo 87
  Câmera escondida 91
  Na fronteira da lei 93
  O repórter sem rosto 95
  Repórter justiceiro 104
  O relacionamento com fontes 106
  Profissionais preparados 114

Grandes coberturas 119

A voz 127
  Cuide-se e exercite-se 128
  Aquecimento vocal 131
  Articulação 131
  Sotaque 133
  Recursos não verbais 134

A melhor reportagem 137

Bibliografia 139

Os autores 141

Introdução

Jornalista tem sempre muitas histórias para contar, afinal, essa é nossa matéria-prima, nosso ganha-pão. E não vai aqui nenhum romantismo... A profissão é dura, cheia de incertezas e riscos, de altos e baixos. Chega o final de semana e lá estamos nós de novo na redação. Natal, Ano-Novo, Páscoa, plantão, plantão, plantão. Se quiser uma vida com horários definidos, nem tente a de jornalista, pois a busca pela notícia não tem tempo certo, não tem hora para começar, nem para acabar. Aquela tão esperada viagem de férias com amigos ou mesmo um jantar romântico estão sujeitos a cancelamentos de última hora. E não pense que a vida não terá rotina: isso é bobagem, coisa de cinema. Aliás, é só porque as rotinas existem que conseguimos transmitir notícias todos os dias, inclusive nos feriados.

Apesar de tudo isso ou, se preferir, *exatamente* por conta disso, você escolheu o jornalismo. Você tem o enorme desafio de absorver o conhecimento que os professores passam nas salas de aula, dividir seu tempo entre a faculdade e os primeiros passos na profissão. Neste livro, vamos aproximá-lo de uma redação de televisão, com todos os desafios – e delícias também, por que não? – do cotidiano de quem faz reportagem. Vamos contar um pouco das nossas experiências, dos embates enfrentados ao longo dos anos, além de partilhar as muitas dúvidas e levantar questionamentos sobre a prática da profissão.

Oferecemos aqui ferramentas para você realizar reportagens na televisão e discutir com mais profundidade o telejornalismo. Nas próximas páginas contamos histórias que mostram como funcionam as etapas de produção de uma reportagem para televisão, principalmente aquela chamada reportagem especial.

Iniciamos o livro com um apanhado do cenário em que o telejornalismo está inserido, a importância de entendermos o noticiário como um "produto", com características próprias, é claro, mas que é parte de uma indústria. Abordamos, ainda, a concorrência com outras mídias, o imperativo da audiência.

Em seguida, definimos a reportagem especial e damos dicas de como produzir esse formato. A apuração, a pauta, a produção *in loco*, a reportagem, o texto em harmonia com a imagem, a edição, a concepção plástica.

Ah! A especial... Muitos a cortejam, mas poucos têm real intimidade com ela. Mesmo depois de anos de convivência, ainda é difícil defini-la. Vistosa, dona de um ritmo bem próprio e de avaliações profundas e diferentes, tem um poder absurdo de prender a atenção de todos que estão ao seu redor. Inteligente acima de tudo. Inteligente e original! Ela sempre foi um problema para as normais, que raramente são tão benfeitas. Por isso mesmo, as não tão vistosas sentem-se um pouco reduzidas quando ficam perto dela, por mais substância e conteúdo que tenham. A "moça" misteriosa é uma das mais desejadas nas redações do país. Ela é vista como referência, como um ideal muitas vezes inalcançável. Não é à toa que ela é especial.

As reportagens especiais investigativas ganham um espaço à parte por despertar uma série de questionamentos, como o uso da microcâmera, o limite do jornalista ao retratar um crime e a relação com as fontes – principalmente as oficiais.

Há ainda um guia prático, escrito pela fonoaudióloga Camila Mercatelli, especialista em voz, para que você desenvolva e use corretamente os recursos vocais e a linguagem gestual que em telejornalismo são peças fundamentais na transmissão de notícias.

Você vai perceber que, ao narrarmos as histórias, usamos, de maneira geral, a primeira pessoa do plural. Em algumas situações, quando entendemos que é relevante particularizar o relato, fizemos uso da primeira pessoa do singular. Defendemos posições, sim, mesmo sabendo de antemão que são controversas. Entendemos que a transparência é a base para a troca de conhecimento. O próprio livro é resultado desse processo. Cada um de nós tem trajetórias profissionais diferentes.

Fabio Diamante veio da escola do impresso. Sabe o exato peso de cada palavra. E é o tipo de pessoa em quem você acredita, pois só faz afirmações quando tem certeza do que está dizendo. Na dúvida, checa e checa de novo as informações. Possui ótimas fontes, traz sempre notícias em primeira mão e tem a convicção de que jornalismo só pode ser feito se benfeito for.

Sérgio Utsch é um mineiro daqueles que invariavelmente critica as mazelas do estado de origem, mas não gosta que ninguém mais o faça. Quer irritá-lo? Pergunte em tom maldoso como é sair da província e viver hoje em uma metrópole (no caso, São Paulo). Pronto: ele dará uma aula sobre Minas Gerais, a importância do estado para o país, as belezas naturais e por aí afora.

Sérgio é um homem de televisão. Domina as técnicas e tem o enorme talento de juntar texto e imagem de um jeito que poucos, pouquíssimos, conseguem. É um sonhador, mas não daqueles que esperam as coisas acontecerem, e sim daqueles que brigam todos os dias por uma história bem contada.

Thiago Bruniera é o caçula da turma, mas vive o jornalismo com uma intensidade contagiante. Percebeu desde cedo que um jornal é responsabilidade de todos na redação. Não importa o cargo, antes de qualquer coisa somos jornalistas.

E esse é o ponto-chave, o que nos une. Não desanimamos com os golpes sofridos, não desistimos do jornalismo feito com paixão. Eu, Alexandre Carvalho, ainda acredito que o que fazemos pode mudar o rumo das histórias. Contá-las é nosso dever. Contá-las de forma saborosa é nosso objetivo. Nos últimos quase vinte anos, vivi em redações de telejornais. Nos últimos dez, dividi o tempo com as salas de aula. Essas duas atividades deveriam se complementar, mas na prática apresentam imensas disparidades, desarmonia. O mercado não entende a universidade e a universidade não entende o mercado. Perde o aluno, perde o mercado de trabalho. Perdemos todos!

Desde já estamos abertos a críticas e considerações. Nossos questionamentos, nossas convicções, nossa paixão pela profissão e nosso jeito de fazer reportagens especiais estão aí e, se temos alguma certeza, é a de que a melhor história sempre está por vir.

Boa leitura!

Telejornalismo

A televisão me deixou burro
muito burro demais
agora todas as coisas que eu penso
me parecem iguais.
Titãs, "Televisão"

Eu tinha acabado de pedir um sanduíche. Finalmente iria comer alguma coisa, pois não tinha almoçado e já eram 18h15... o rádio toca e escuto a editora executiva do jornal dizer: "Caiu um avião". O lanche ficou esperando em cima do balcão.

Na redação começou um corre-corre bem mais frenético que o normal. Todo mundo gritando... Até aquele momento as informações davam conta de que um avião de carga havia caído no aeroporto de Congonhas, em São Paulo. Não tínhamos a dimensão do fato, mas sabemos que qualquer acidente aéreo pode ser uma grande tragédia. E dadas as características do aeroporto de Congonhas – com o maior número de pousos e decolagens do país, cercado de bairros residenciais e à beira de duas movimentadas avenidas da cidade –, qualquer coisa que acontece é grave.

Boa parte dos jornalistas ali já tinha vivido algo semelhante. Em 1996, um avião da TAM havia decolado do aeroporto de

Congonhas e um minuto depois caiu no bairro do Jabaquara. Todas as cenas da tragédia voltaram à minha cabeça. Naquela vez, eu estava em casa, dormindo, quando o telefone tocou. No outro lado da linha meu pai disse que ouvira no rádio que um avião tinha caído ali perto. Levantei assustado, liguei para a redação e a informação era verdadeira. Eu estava escalado para trabalhar no período da tarde, mas pedi para uma equipe me encontrar no local. Como estava perto cheguei bem rápido. Por toda a extensão da rua havia fogo, casas destruídas, pedaços de fuselagem espalhados e corpos carbonizados. O cheiro incomoda minhas narinas até hoje...

Foi a primeira grande cobertura jornalística de que participei. E aqui cabe uma observação. Nós, jornalistas, não estamos preparados para as situações de emergência, não somos treinados, não há um protocolo a ser seguido. Pode parecer bobagem, mas não é. No mundo corporativo, por exemplo, as grandes companhias já contam com um manual de procedimentos-padrão em situação de crise. Essa ferramenta, quando bem aplicada, dá as diretrizes para as medidas que devem ser tomadas a fim de que a ação seja eficiente. Mas não conheço uma redação que tenha algo semelhante.

Em relação a isso nada mudou de 1996 a 2007: ainda não estávamos preparados. Acredite: um acidente aéreo a três horas do início do telejornal é uma situação de crise. Normalmente, nesse horário a redação está fervilhando, o nível de tensão já está nas alturas. Naquele dia, simplesmente tudo que estava programado caiu.

O ponto positivo é que, em uma situação dessas, a redação se mobiliza. Em uma breve reunião com as chefias, definimos um plano básico de ação. Seis repórteres e quatro produtores foram deslocados para o local do acidente. Não sabíamos sequer se eles conseguiriam chegar, por conta do trânsito e da interdição das vias. E chegar era só o primeiro passo. O mais difícil era trazermos para a redação o material das equipes de externa. Lembre-se: não há telejornal sem imagem. Um motoqueiro seguiu cada uma das equipes, mas isso também não era garantia de recebermos o material a tempo. Outra medida foi deslocarmos os carros de link – equipamento que permite a transmissão de áudio e vídeo – para um local mais próximo da região. E, nesse caso, além do trânsito, da interdição das vias, ainda tinha o tempo de montagem do equipamento. De forma bastante simplificada, os técnicos precisam encontrar um ponto de onde seja possível estabelecer uma conexão entre o sinal que está sendo captado e a antena da emissora ou o satélite. É isso que permite as entradas ao vivo.

Equipes na rua, motoqueiros, links e o tempo passando. Na redação, apuradores, editores e chefia de reportagem, todos atrás de informação. E elas eram bastante desencontradas, seja em relação ao tipo de aeronave, aos números de vítimas e sobreviventes, à assistência às famílias, à causa do acidente, ao trabalho da polícia e dos bombeiros. Nessas horas, o risco de erro aumenta exponencialmente. É fundamental que todos que estejam envolvidos na cobertura redobrem a atenção, confrontem as apurações, chequem mais de uma vez os dados. O desejo de dar uma informação em primeira mão é justo, inerente ao próprio jornalismo, mas não significa que a rapidez pode subjugar a precisão.

Entramos no ar às 21h40. Ou seja, menos de três horas e meia depois que soubemos do acidente. O telejornal foi sendo montado durante a exibição. Muitas imagens ao vivo do local foram narradas pelo apresentador, já que a maior parte dos repórteres não conseguiu chegar até o carro de link. Fizemos um jornal fora do padrão diário: o *off vivo* – o apresentador narrando as imagens –, que normalmente é usado com mais parcimônia, ganhou um destaque bem maior. Conseguimos dar a informação necessária para o telespectador, sem dados incorretos e sem descambar para o sensacionalismo. Tratamos com dignidade aquele que foi considerado, naquele momento, o pior acidente aéreo do Brasil. Morreram 199 pessoas no voo 3054 da TAM, que fazia o percurso de Porto Alegre a São Paulo. Jornal terminado, hora de pensarmos no dia seguinte.

Mas, antes, proponho uma pausa para refletirmos um pouco sobre nossa profissão. Percebo ao longo dos últimos anos uma distorção do conceito do que é o fazer jornalístico. Invariavelmente, por trás de definições de gêneros se escondem as maiores mazelas em relação ao jornalismo. Com isso perdemos nós todos!

Profissionais com alguns anos de estrada se rendem a modismos. Jovens que ingressam no mercado de trabalho o fazem sem referências. Universitários confundem todo e qualquer tipo de material audiovisual com telejornalismo.

O que define um programa jornalístico não é a presença de microfone, entrevistado ou apresentador. Há programas de variedades ou de humor, como "Pânico" e "CQC", por exemplo, que usam ferramentas jornalísticas, mas que ainda assim não fazem jornalismo. E isso não é uma crítica a esse tipo de produção, nem tampouco aos profissionais que a executam. É apenas uma questão de definição.

Há humoristas que usam a piada para chamar a atenção da população sobre determinado fato e há informação relevante em seus trabalhos. Daí talvez a confusão. Mas não é possível transformar jornalismo em piada, pela simples razão de que cada gênero tem características próprias. E os profissionais têm deveres e direitos diferentes. O humorista, ao contrário do jornalista, não precisa ouvir o "outro lado" e pode, se achar conveniente, participar de campanhas publicitárias. Mas isso não impede, por outro lado, que o jornalismo seja feito com humor. As redações carecem de ares novos, novas ideias.

A grande confusão que precisamos evitar é pensar que, onde há informação, há jornalismo. Seria simples se a informação fosse um patrimônio do jornalista, mas não é. Há informação no humor, na publicidade, em um livro, em um filme, há informação em um simples bate-papo entre amigos. Todos, sem exceção, produzimos e consumimos informação.

O que diferencia o jornalismo, então? A notícia. Ou seja, a informação processada, calcada em conceitos como universalidade, temporalidade, veracidade, interesse público. Ao longo do livro vamos discutir com mais profundidade essas questões. Por ora, basta observarmos que toda notícia tem informação, mas nem toda informação é notícia.

Ao elaborarmos uma reportagem, devemos responder para nosso leitor, ouvinte ou telespectador o que, quando, onde, por que, como, quem. Não importa o assunto, essas questões precisam ficar evidentes. Caso contrário, ou não fizemos jornalismo ou o fizemos malfeito.

É fato que toda e qualquer notícia é um recorte da realidade, contaminado com valores sociais, pessoais, empresariais. Mas isso não elimina nosso dever de seguir as premissas básicas do fazer jornalístico. Por isso, partiremos do pressuposto que o jornalista deve buscar permanentemente a isenção sobre os fatos e não se render a soluções simplistas. Fácil não é. Mas é possível. E essencial.

Para fazer isso, o básico é lembrarmos que há mais de um lado em toda e qualquer história. Ao seguir essa simples regrinha, diminuímos e muito o risco de errarmos, de sermos tendenciosos. A busca da imparcialidade é o nosso oxigênio, é o que nos dá credibilidade, o que permite ao nosso público estabelecer uma relação de confiança conosco.

Trabalho em equipe

Reportagem é difícil. Em telejornalismo, muito difícil. Além das premissas comuns ao fazer jornalístico, a produção de notícia para telejornal tem características próprias. Primeiro, não é um trabalho de uma única pessoa. Tudo em televisão é equipe. Da pauta à exibição da notícia, vários profissionais estão envolvidos no trabalho.

Podemos dizer, de maneira geral, que uma redação de televisão segue o seguinte organograma:

- Diretor de jornalismo: define a linha editorial dos produtos jornalísticos.
- Chefe de redação: estabelece e acompanha as diretrizes do funcionamento da redação de acordo com a linha editorial.
- Editor-chefe: define a cobertura diária do telejornal, estrutura a ordem das notícias e acompanha o trabalho dos editores.
- Editor-executivo: acompanha o trabalho dos repórteres e editores, escreve escalada e passagens de bloco.

- Chefe de reportagem: é a interface entre os repórteres e os editores; coordena as equipes de gravação.
- Pauteiros: pesquisam, apuram e elaboram as pautas.
- Editores: trabalham em conjunto com os repórteres, montam as reportagens.
- Repórteres: convertem fatos em notícias.
- Radioescuta e apuração: acompanham as notícias dos demais veículos, órgãos oficiais, checam informações e alertam a redação para os fatos do dia.
- Arquivo: armazena e seleciona imagens.
- Departamento de arte: cria a identidade gráfica.
- Departamento de operações: responsável pelas equipes técnicas de externa e de estúdio.

As estruturas não se modificam muito de redação para redação. É possível dizer até que há muitas similaridades entre os diferentes veículos, respeitando as especificidades do rádio, do impresso e da internet.

A diferença mais gritante é que, como já dito, em televisão tudo é feito em equipe. O repórter recebe a pauta que outro jornalista elaborou. Vai para rua com o repórter cinematográfico e o auxiliar, que fazem parte do departamento de operações. Discute e fecha a matéria com um editor e por aí vai. A interdependência dos profissionais é, portanto, maior em uma redação de televisão. Por um lado, é ruim, porque às vezes o profissional perde a referência do todo; mas, por outro, é bom, porque o resultado final é a junção de formas diferentes de olhar o fato.

Passemos, então, ao funcionamento da redação, quais os caminhos para colocarmos um telejornal diário no ar.

Há dois tipos de abordagem. O primeiro diz respeito aos assuntos que acontecem no dia, os chamados *factuais*. Por exemplo, o anúncio de um pacote econômico, uma enchente, a queda de um avião, são fatos que não podem ser previstos.

É aí que entra justamente o segundo tipo de abordagem, a *reportagem produzida*. De modo simples, ela abarca assuntos que podem ser antecipados. Essa é a função primordial da pauta. Os profissionais desse setor trabalham sempre de olho no dia seguinte. E quanto mais conectado ao factual, melhor será o trabalho desenvolvido.

Voltemos agora ao acidente aéreo de 2007. O que fazer no dia seguinte?

Precisávamos repercutir o fato, descobrir as causas prováveis, acompanhar o trabalho do corpo de bombeiros e da polícia nos escombros, ouvir especialistas, a aeronáutica, a companhia envolvida, dar voz ao sofrimento dos familiares. Tudo isso ganha contornos mais dramáticos se lembrarmos que estávamos em pleno apagão aéreo. Voos atrasados, cancelados, passageiros nos saguões dos aeroportos de todo o país revoltados com a situação, controladores de voo à beira de um complô... matéria-prima riquíssima para nós, jornalistas, para quem cobre o dia a dia, o noticiário quente, o *hard news*.

Interesse público x interesse do público

É inquestionável que uma situação assim chama a atenção do público, que o assunto atrai audiência. E aí surge a pergunta: Vamos cobrir por causa da audiência? Sim e não.

Não podemos nos pautar apenas por aquilo que é de interesse do público. Se assim fosse, bastaria gastarmos alguns milhares de reais em pesquisas para descobrirmos o que o telespectador deseja e entregar diariamente para ele. O telejornal teria boas chances de conquistar audiência. Informar, porém, vai além de uma relação de consumo. O bom telejornal é aquele que responde, sim, às expectativas do telespectador, mas que também possibilita que ele levante novos questionamentos, perceba que há outras formas de ver a notícia em questão. Ou seja, não podemos estar desconectados daquilo que importa ao público, mas devemos nos perguntar sempre se o assunto que interessa ao público é de interesse público.

Vejamos. Um acidente aéreo interessa ao público? Sim. É o tipo de assunto sobre o qual as pessoas conversam, trocam impressões. Mas é um assunto de interesse público? Novamente, sim. É nosso dever trazer para o debate as causas do acidente, o tamanho da tragédia, as medidas que deveriam ter sido tomadas para diminuir os riscos, as responsabilidades de quem gerencia o sistema e de quem ganha dinheiro com o negócio. É nossa responsabilidade trazer para o debate as condições do transporte aéreo no Brasil.

E precisou ocorrer um acidente para descobrirmos isso? Precisou que pessoas morressem para que nós, jornalistas, voltássemos nossas atenções para esse segmento e abríssemos espaços nos veículos de comunicação para o assunto? Sim, precisou. Fomos engolidos pelo fato. Mais que isso. O acidente com o avião da TAM nos mostrou que não só não sabíamos de uma série de problemas no sistema aéreo brasileiro como escancarou a nossa falta de preparo para cobrir o setor.

De uma hora para outra, o transporte aéreo no Brasil passou a ser uma catástrofe, com riscos iminentes de acidentes, com profissionais malpreparados, com equipamentos obsoletos, com aeroportos operando acima da capacidade. E nós, jornalistas, não informamos ao nosso público que o sistema estava à beira de um colapso.

O mais constrangedor é percebermos que em 2009, dois anos depois do acidente, pouca coisa mudou. O aeroporto de Congonhas, na ocasião alvo de muitas críticas de especialistas, que disseram que ele deveria ser reformado ou até mesmo desativado, continua em plena operação.

De lá para cá, o que se transformou mesmo é a atenção da mídia sobre o assunto. O tema deixou de interessar, as pessoas já não comentam mais sobre os problemas do sistema aéreo brasileiro, isso não é mais assunto nas rodas de amigos. Resultado: repetimos o erro. Deixamos o interesse público de lado em nome do interesse do público.

No dia a dia, nosso olhar está voltado principalmente para as questões factuais e quase sempre o ritmo do telejornal não nos permite uma leitura mais aprofundada do assunto trabalhado. Não significa que devemos nos contentar com a superficialidade. Pelo contrário. O mercado exige profissionais mais preparados, mais informados, capazes de fazer correlações entre fatos, de levantar informações exclusivas. Profissionais que busquem diariamente um olhar diferenciado em termos de conteúdo e formato e que estejam dispostos a aprender sempre.

O telejornalismo tem características únicas. Como o modo de produção é complexo, os profissionais tendem a se concentrar em áreas predeterminadas, perdem o referencial do todo e isso acaba dificultando o uso em potencial dos recursos disponíveis. Em telejornalismo, mais que em qualquer outro veículo, a equipe deve trabalhar de forma afinada. Cada uma das etapas impacta na outra, de maneira negativa ou positiva. Portanto, conhecer o funcionamento do processo significa ter mais facilidade de otimizar recursos e propor linguagens e abordagens diferenciadas. Vamos começar com a tão ambicionada reportagem especial.

Reportagem especial: o que é?

*A gente estancou de repente
ou foi o mundo então que cresceu.*
Chico Buarque, "Roda viva"

Ela é uma reportagem maior? Um documentário? Não. Ela ganha, sim, segundos ou mesmo minutos a mais em relação às notícias do dia. E usa algumas ferramentas presentes nos documentários. Mas não é o tempo ou os meios que a definem.

O que torna uma reportagem especial é o tratamento muito mais primoroso, tanto de conteúdo quanto plástico. Ela nos permite aprofundar assuntos de interesse público, que podem estar retratados em uma única reportagem ou em uma série.

Até o fim da década de 1990, essa modalidade do telejornalismo estava um tanto quanto esquecida, seja pelo custo, pela escassez de profissionais aptos ou pela análise de que o "algo mais" não era tão necessário.

Desde o início dos anos 2000, é rara a semana em que pelo menos uma das emissoras de canal aberto não apresente reportagens especiais sobre os mais variados assuntos. Elas podem ser vistas em programas de grandes reportagens, que a maior parte das emissoras tem (Globo Repórter, sbt Repórter, Repórter Record, por exemplo), e também nos telejornais diários.

Esse novo cenário surge como resultado de duas forças distintas, mas não antagônicas, como pode parecer em princípio. De um lado, está o desejo do profissional em fazer bom jornalismo, com histórias impactantes, personagens representativos, com tempo e acabamento mais cuidadoso. De outro, há a questão mercadológica, a competição entre os veículos de comunicação, em que cada um busca diferenciais para atrair o público, seja ele leitor, ouvinte, internauta ou telespectador.

Essas duas forças podem e devem andar juntas, desde que isso não signifique atrelar o jornalismo a assuntos com potencial única e exclusivamente para alavancar a audiência ou aumentar a tiragem dos jornais. Há que se encontrar o ponto de equilíbrio, tendo como premissa inegociável a independência editorial.

Dito isso, se no afã de conquistar uma fatia maior do público as emissoras de televisão, particularmente os telejornais, voltaram a destinar recursos financeiros e humanos para as reportagens especiais, cabe a nós, jornalistas, ocupar esse espaço.

De que forma? Fazendo jornalismo, simplesmente.

O conceito de "reportagem especial" é tão questionável quanto os outros critérios que orientam as redações brasileiras. Por exemplo: o que tornou os casos Isabella Nardoni,[1] do garoto João Hélio,[2] ou do índio pataxó queimado[3] em Brasília mais "especiais" do que outros semelhantes? Nesses três episódios, a geografia pesou muito. Além da importância jornalística dos fatos, os casos citados fazem parte de um pedaço do Brasil que concentra a maior parte de toda a riqueza produzida no país.

Em São Paulo, Rio de Janeiro e Brasília, os fatos ganham uma dimensão maior que os que ocorrem em outros lugares, porque estão perto das lentes das câmeras, das antenas dos links, do foco dos helicópteros, da aferição da audiência, do interesse das agências publicitárias e ao redor de uma estrutura que existe só em função desse arsenal de notícias, como assessorias de imprensa e autoridades acostumadas ao assédio dos jornalistas. É por isso que, com frequência, séries de reportagens especiais são feitas, principalmente por equipes dos três maiores centros noticiosos brasileiros, que concentram a maior parte da infra-estrutura e dos profissionais mais renomados das principais redes de TV do Brasil.

É ingênuo pensar que a imprensa nacional dá o mesmo peso a fatos semelhantes que ocorrem em São Paulo e em Belém. Não dá. Portanto, pelo menos nos jornais de rede, há muito mais chances de as grandes reportagens serem produzidas a partir do que acontece nas cidades maiores.

Aos poucos, as emissoras de TV estão estruturando as chamadas "praças", cidades que, no organograma das empresas, estão sujeitas a orientações das matrizes. Isso aumenta as chances de matérias especiais serem produzidas também nos lugares onde, muitas vezes, as reportagens são feitas apenas sobre notícias do dia, os chamados "factuais".

As televisões abertas vivem das verbas publicitárias e a fatia que cabe a cada um dos veículos está diretamente relacionada aos índices de audiência. Em princípio, essa guerra pela audiência não é algo negativo. Faz parte do negócio, estimula a concorrência entre os veículos e pode resultar em melhores programas e telejornais.

Em vez de simplesmente reclamar da lógica espúria do mercado, por que não utilizar as armas que estão ao nosso alcance? Há um vazio de credibilidade em nossas instituições,

24   Reportagem na TV

sejam públicas ou privadas. No caso dos telejornais, tanto mais atraentes serão quanto mais informações confiáveis oferecerem. É a credibilidade que permite estabelecermos uma relação de cumplicidade com o público. Para os acionistas das empresas, o resultado é o lucro. Para nós, jornalistas, é a garantia de realizarmos nosso trabalho com dignidade.

Em busca de um público em mutação

E se é o público, e somente ele, que pode garantir o sucesso ou decretar o fracasso da nossa empreitada, é a ele que devemos respeito. Antes de mais nada, é preciso entender que o público mudou, está mudando e vai mudar cada vez mais rápido, principalmente porque nunca houve tanta informação disponível. A ruptura de tempo e espaço provocada pela digitalização alterou hábitos e essa equação se retroalimenta constantemente.

Apesar de a televisão ser ainda o principal veículo de comunicação, presente em 98% dos lares brasileiros, é certo imaginarmos que um número decrescente de espectadores tem nos telejornais a única fonte de informação. Além dos veículos impressos e do rádio, há uma infinidade de sites na rede mundial, com o noticiário sendo atualizado minuto a minuto. A informação está disponível para o telespectador, leitor ou ouvinte em todo lugar, no suporte que desejarem, na hora que quiserem, tudo isso ao mesmo tempo.

Outra questão importante é a ruptura na própria equação emissor-receptor, entre quem produz e quem recebe a mensagem. A profusão de blogs ou os sites que recebem informações enviadas pelo leitor/internauta tiram do jornalista o monopólio da notícia e nos obrigam a refletir sobre nosso papel daqui para frente. Quando você se senta em frente à televisão para ver um telejornal, normalmente já sabe o que aconteceu no dia

Reportagem especial 25

de mais importante. Será que é suficiente então oferecermos mais do mesmo?

E ainda estamos em um momento em que a interatividade é pequena se pensarmos no mundo de promessas para o futuro. O sistema digital de televisão tem como principal característica a mobilidade, ou seja, será possível assistir a seu programa favorito em um computador ou em um aparelho celular. Imagine-se no ônibus, no trânsito, em uma fila, em um bar com amigos; enfim, onde você estiver poderá abrir seu aparelho e assistir à televisão.

Mudam-se os hábitos, mudam-se também as formas de pensarmos, criarmos e disponibilizarmos informações para nosso público. Entender esse novo momento e criar maneiras de atrair a atenção do leitor, ouvinte e telespectador é o desafio que se coloca para quem já está no mercado e para aqueles que estão começando a jornada profissional.

Podemos fazer um paralelo com um outro segmento do mercado e delinearmos alguns caminhos a seguir. A indústria do entretenimento sofreu alterações profundas com o *boom* da internet. Pense nas gravadoras, ou melhor, na crise que o setor enfrenta há alguns anos. Quanto de receita gerada pela venda de CDs, para ficarmos em um único caso, foi perdido por conta dos sites que permitem baixar músicas? Se a indústria demorou a perceber a revolução que estava se formando, verdade também é que o setor busca formas de continuar no jogo, seja criando um mínimo de regulamentação, seja investindo na conquista dos clientes que não querem pagar por 14 faixas de música e sim apenas por aquelas de que realmente gostam.

Observando os desafios enfrentados pela indústria do entretenimento, e guardadas as devidas proporções desta em relação à indústria da informação, podemos tirar lições valiosas. Entre elas, a necessidade de se reinventar constantemente. Se não é possível imaginarmos um porto seguro para as transformações por que a indústria da comunicação está passando, certo é que o horizonte parece não ter fim.

Voltemos ao nosso foco, o telejornalismo. Boa parte das críticas diz respeito ao conteúdo. Vamos nos centrar em duas delas: 1) os assuntos são abordados de uma forma muito superficial; 2) normalmente os enfoques são extremamente parecidos.

Essas observações são pertinentes, mas temos de levar em consideração a própria natureza do veículo. Muitas vezes, tratamos, sim, assuntos importantes com pouca profundidade, mas outras tantas os críticos confundem a objetividade inerente à linguagem televisiva com falta de amplitude na abordagem do tema. Já em relação aos enfoques dados, entendemos que há uma crise de criatividade, que se nutre basicamente da falta de tempo nas redações e da falta de preparo dos profissionais envolvidos.

Esses fatos não devem, porém, alimentar uma postura passiva frente às condições pré-estabelecidas. As críticas devem sempre nos fazer refletir sobre nossa atuação e nos mover em direção a soluções que ofereçam para o telespectador informações corretas, confiáveis e interessantes. Deixarmos a mesmice para trás é uma das condições para o sucesso de um telejornal. Mesmo respeitando o padrão de telejornalismo vigente no país, é possível e, a nosso ver, imprescindível, buscarmos um novo olhar, que nos diferencie dos concorrentes, sejam jornais, revistas, emissoras de rádios, sites, blogs ou portais de notícias, e que por fim nos garanta a credibilidade e a audiência.

A reportagem especial cumpre esse objetivo. Ela exige do jornalista mais preparo, maior poder de entendimento sobre causas e consequências, um olhar mais cuidadoso e uma leitura mais aprofundada da realidade.

A especial depende do olhar

Uma amiga contou-me um episódio bastante ilustrativo. Produtora de um grande veículo de comunicação, ela estava na redação quando um repórter chegou com alguns endereços de ruas esburacadas em São Paulo. A matéria que ele estava fazendo não tinha relação alguma com esse assunto, mas o espírito colaborador falou mais alto e ele achou por bem sugerir uma reportagem sobre o tema para o jornal local. No dia seguinte, uma outra repórter foi para a rua com a pauta sobre buracos pela cidade, mas voltou para a redação dizendo que a matéria não valia.

Pensemos o seguinte: pode ser que a situação realmente não fosse suficiente para render uma reportagem, certo? Mas também pode ser que a repórter tenha se sentido desprestigiada e, por conta disso, tenha se recusado a ver o que estava na frente dela. Lembremos que quando falamos em cobrir "buracos de rua" nos referimos normalmente a um assunto de menor importância.

Ao receber a negativa da repórter, a produtora estranhou, mas deixou o assunto de lado. Quando encontrou o autor da sugestão, ele foi logo perguntando se havia dado certo. Ela relatou o ocorrido e, então, o repórter pediu os endereços das ruas de volta. Resultado: não só fez uma reportagem, como transformou o assunto em um programa especial.

Essa breve história revela aspectos importantíssimos. Primeiro: os temas abordados em uma reportagem especial não necessariamente precisam ser inéditos. O que realmente precisa ser novo é o olhar sobre aquele fato.

Parece simples, mas não é. O nosso jeito de ver as coisas vai ficando condicionado com o passar dos anos e tudo se transforma em algo comum. Aquele buraco na rua sempre esteve ali, faz parte do nosso dia a dia e desviamos dele automaticamente. Não refletimos, não conseguimos ver um fato novo, nem histórias para serem contadas.

Façamos um simples exercício. Imagine-se de férias, desembarcando em qualquer lugar, ou lembre-se de sua última viagem. Quando estamos viajando, por exemplo, nossa cabeça parece muito mais aberta, não é? Tudo é novidade, tudo nos chama a atenção. Coisas comuns ganham outra tonalidade, a observação fica mais aguçada e somos capazes de contar para os amigos histórias com riqueza de detalhes. Aquilo que é novo automaticamente nos prende a atenção.

Pois essa é a nossa missão e assim deve ser o jornalista no seu dia a dia. A busca pelo "olhar diferenciado" ajuda o profissional a escapar das soluções simplistas, da miopia do pensamento.

O que, então, diferencia a produção diária de notícias daquelas rotuladas como especiais? O primeiro aspecto é que o olhar diferenciado deve ser elevado à potência máxima, ou seja, é condição fundamental para que decidamos tratar algo como especial.

Pense no telespectador. Não dá para dizer: "você vai ver uma reportagem especial sobre determinado assunto" se ao final da matéria ele tiver a sensação – ou a certeza – de que já assistiu àquilo tantas e tantas vezes. Não se trata de escolher assuntos nunca antes tratados, insisto, mas de mostrá-los de uma forma surpreendente. Como o foco da notícia é ampliado, o texto, assim como a linguagem plástica, devem ser primorosos.

A reportagem especial é o desejo de qualquer jornalista e ela requer experiência e talento do profissional. Mas antes, acima de tudo, ela requer postura, informação e formação.

Notas

[1] A menina Isabella Nardoni, de 5 anos, foi morta no dia 29 de março de 2008. O pai e a madrasta são os principais suspeitos. Os dois teriam jogado a menina da janela do apartamento.

[2] O menino João Hélio, de 6 anos, morreu no dia 7 de fevereiro de 2007. O carro da família foi roubado no subúrbio do Rio. Quando a mãe tentou tirar o filho de dentro do carro, um

Reportagem especial 29

dos ladrões arrancou. O garoto ficou preso no cinto de segurança traseiro e foi arrastado por 14 ruas. Os quatro ladrões foram condenados em primeira e segunda instâncias.

[3] No dia 20 de abril de 1997, um índio pataxó, que dormia sozinho em um ponto de ônibus em Brasília, no Distrito Federal, teve o corpo incendiado. Ele morreu com queimaduras graves em 95% do corpo. Os cinco rapazes que jogaram álcool e atearam fogo fugiram e só foram identificados após uma denúncia anônima. No depoimento, disseram que queriam fazer uma brincadeira. Um deles, na época do crime, era menor e foi encaminhado para o Centro de Reabilitação Juvenil do Distrito Federal. G.N.A.J. ficou preso por três meses, mesmo tendo sido condenado a um ano de reclusão. Os outros quatro foram presos – Tomás Oliveira de Almeida, Max Rogério Alves, Eron Chaves Oliveira e Antônio Novely Cardoso Vilanova – e condenados pelo júri popular por homicídio doloso (com intenção de matar) a 14 anos, em regime integralmente fechado.

Escrever com imagens

Se um pinguinho de tinta
Cai num pedacinho
Azul do papel
Num instante imagino
Uma linda gaivota
A voar no céu.
Toquinho, Vinicius de Moraes, G. Morra
e M. Fabrizio, "Aquarela"

Todos os dias iniciamos uma guerra. A finalidade: atrair o telespectador com bons assuntos, focados no interesse público e contados de uma forma interessante.

Há quem defenda que a linguagem não é tão importante, pois se o assunto é forte, basta. Nós não acreditamos nisso. Linguagem é sedução, como um embrulho: o presente oferecido é o mesmo, mas o modo de entregar pode valorizar ou não o conteúdo.

Uma linguagem atraente pode ser a diferença entre o espectador acompanhar ou não a reportagem que está sendo apresentada. Lembremos que um dos papéis do jornalista é transformar aquilo que é significativo em interessante. Resumindo: "significativo" é aquilo com relevância jornalística, importante para a sociedade. E "interessante" é o que atrai o espectador.

Nem tudo que é significativo jornalisticamente é interessante, certo? Pense em uma denúncia de corrupção em órgãos governamentais, baseada em uma pilha de documentos. Não há dúvida de que isso é significativo do ponto de vista jornalístico, mas será que a população vê o assunto como algo interessante?

Por outro lado, nem tudo que é interessante tem significado jornalístico, como aspectos relacionados à vida de uma celebridade, por exemplo. Qual é o interesse público em uma notícia sobre o casamento de uma estrela de Hollywood?

A discussão sobre os motivos que levam os telejornais a reservarem cada vez mais espaços para esse tipo de cobertura daria um outro livro. Por ora, basta entendermos que o telespectador não quer apenas assistir àquilo que é significativo, mas também o que é interessante.

E aí está o trabalho da linguagem: tornar interessante o que é significativo. Por exemplo, quem é que nunca se sentiu enganado ao contratar um serviço, seja o conserto de um eletrodoméstico, seja a manutenção de um veículo? Com uma pesquisa relativamente simples, teríamos uma pauta com as histórias de personagens, números relativos aos golpes e a entrevista com algum representante de um instituto de defesa do consumidor.

O repórter começaria a matéria com um *off* contando os problemas pelos quais um personagem passou e em seguida entraria uma entrevista com essa mesma pessoa dizendo algo como "me senti enganada". Mais um *off* contando que não há fiscalização sobre os prestadores de serviço e uma passagem destacando o número de reclamações no Procon, por exemplo. A matéria poderia terminar com uma sonora do representante do instituto explicando o que o consumidor pode fazer nesses casos.

Não há uma fórmula de como construir a reportagem, mas de maneira geral, é assim que vemos nos telejornais. Não é brilhante, mas é correta. Como o assunto é relevante, se o texto for bem escrito, se as histórias dos personagens forem curiosas e se os números de casos forem significativos, teremos uma boa reportagem nas mãos, de mais ou menos um minuto e meio.

E se quiséssemos tratar o tema de forma especial? Dois pontos precisam ser levados em consideração: o conteúdo e a plástica. Desta trataremos mais adiante, ainda neste capítulo, quando abordarmos a edição.

Em termos de conteúdo, a reportagem especial exige uma abordagem mais abrangente do tema em foco, ou seja, há um número maior de informações e de entrevistas. E não é apenas uma questão quantitativa, mas qualitativa. Os personagens devem ser os mais representativos em relação à história que queremos contar, assim como as fontes oficiais. Ah! E nem sempre estas são necessárias. É um vício do telejornalista achar que para todo e qualquer assunto sempre há a necessidade de gravar com uma fonte oficial.

Fugindo da fonte governamental

Vamos a um exemplo prático. A Agência Brasil, um órgão governamental, divulgou uma declaração do administrador regional da Fundação Nacional do Índio (Funai) em Tabatinga, Davi Félix Cecílio, sobre a entrada da cocaína no Brasil pela floresta amazônica. Segundo ele, a cocaína "está presente em praticamente todas as 230 comunidades indígenas, num total de 54 mil índios" e que "em cada cinco jovens indígenas, um está viciado".

A partir daí, conseguimos fazer contato com representantes da região e percebemos que o assunto tinha virado um problema. O primeiro impasse era conseguir uma autorização da Funai para entrar nas aldeias. Sem isso, não poderíamos falar com os índios. Aí começou a saga da burocracia: primeiro um telefonema, depois um e-mail com a promessa de uma resposta em 48 horas.

Três dias se passaram e nada. Ligamos e a pessoa responsável (ou que se dizia responsável) por encaminhar os pedidos garantiu que não tinha recebido o e-mail. Mandamos novamente. Mais 48 horas e nada de resposta. Cobramos mais uma vez e nada. Nossa única saída era viajar até a fronteira para descobrir o que de fato estava acontecendo. A decisão tomada foi a de viajar assim mesmo. Tínhamos apenas uma orientação da Funai de que, caso a autorização fosse dada, precisaríamos de um atestado médico e tomar a vacina contra a febre amarela. Fizemos nossa lição de casa e embarcamos rumo à Amazônia.

Mal chegamos ao aeroporto de Tabatinga e... surpresa! Uma funcionária da Funai, vinda de Brasília, nos aguardava. Segundo a "enviada especial", a informação de que os índios estavam viciados em cocaína não era verdadeira. Lideranças indígenas estariam até revoltadas com a declaração do administrador da Funai. E que, se isso estivesse acontecendo, eram casos isolados. Para provar, ela estava disposta a nos levar num *tour* pelas aldeias. Ficaríamos de dois a três dias viajando com a Funai, rio abaixo.

Deixamos a resposta para depois. Ficou claro que o objetivo era o de tomar a maior parte de nosso tempo e de nos levar em locais escolhidos a dedo. Isso não nos interessava. Saímos por conta própria e entramos em uma das aldeias, a da Umariaçu, sem a Funai. Para isso, encontramos uma fonte que participa de trabalhos voluntários nas comunidades. Ele confirmou que a cocaína nas aldeias era uma triste realidade.

Logo na entrada, as primeiras entrevistas. Índios que trabalham nas escolas contaram detalhes sobre o problema. Álcool,

Escrever com imagens 35

drogas e violência. Essa era a verdade que a representante da Funai não nos disse. Fomos até a casa do cacique pedir autorização para prosseguir.

Tivemos que enfrentar a natural desconfiança do líder indígena. Relatamos o motivo de estarmos lá: queríamos falar da cocaína. Ele, aos poucos, foi ganhando confiança, até que disse que uma pessoa da Funai tinha vindo de Brasília. Era a mesma que nos esperava. O cacique estava bravo porque, segundo ele, a "moça da Funai" veio para falar e para não deixar falar, em vez de ouvir. Fizemos a matéria, entrevistamos vários índios que deram detalhes sobre a chegada da cocaína na aldeia. Não tínhamos a autorização da Funai, mas cumprimos nosso papel de retratar um caso grave e de interesse público. O fato de o índio ser tutelado pelo Estado brasileiro e de não poder dar entrevista sem a autorização da Funai é menos importante do que isso.

Boas histórias não são simples de serem encontradas, é sempre um desafio.

Pauta

Um desafio que começa na pauta, importantíssima em telejornalismo. E ainda mais nas reportagens especiais. Uma ideia bem fundamentada evita não só a perda de tempo das equipes na rua, mas estabelece um consenso entre os diversos profissionais envolvidos e reduz a incidência de erros na condução das matérias. Além disso, permite com clareza alocar os recursos necessários para a elaboração da reportagem.

A ideia da pauta para uma reportagem especial pode surgir a partir de uma notícia que o seu próprio jornal tenha veiculado, da leitura de jornais, sites, blogs, de um bate-papo com amigos, da observação, de situações vividas no cotidiano, enfim, a pauta é sempre um organismo vivo. Cabe a você estar atento.

Diz Sérgio Utsch:

Quando li a expressão *Os boias-frias da maconha* num site do interior do Paraguai, me interessei de imediato. Seja qual fosse a história por trás daquelas palavras, haveria de ser algo interessante. E foi. Numa matéria pequena, em espanhol, o repórter falava sobre uma cidade onde estes trabalhadores eram contratados. Capitan Bado era o lugar. Capitan Bado foi o nosso destino três meses depois.

Intuição. No caso do jornalista ela significa faro, capacidade de perceber boas histórias. Esse é um atributo insubstituível e que ao longo do tempo pode ser lapidado. É isso que fez com que o repórter Sérgio Utsch se interessasse pela história, que vamos contar mais adiante.

Por enquanto, voltemos à pauta. A intuição desperta, a razão possibilita transformar em reportagem, principalmente porque nos obriga a desconfiar sempre. Dessa forma, nenhuma informação veiculada em outros meios de comunicação deve ser tratada como uma verdade absoluta. Não foi você quem levantou as informações, não foi você quem checou os dados, não foi você quem entrevistou aqueles personagens, enfim, você não fez o trabalho jornalístico. E se não o fez, como é possível repassar as informações para o público?

Incrivelmente, isso é mais comum do que se pensa: estudantes e mesmo profissionais utilizarem informações divulgadas por outros canais de comunicação e não se darem ao trabalho de checar. Não se trata de ingenuidade. Na verdade, para sermos menos agressivos, vamos chamar de preguiça... e aí, amigo, vá fazer qualquer outra coisa, menos jornalismo.

Além disso, ainda há a questão da temporalidade da notícia. O jornal que está nas bancas hoje traz notícias de ontem. Sendo o imediatismo uma das características marcantes da televisão, que sentido faria colocar no telejornal uma informação do dia anterior?

Feita essas ressalvas, mãos à obra...

Leia, leia muito. Não ache que você já sabe tudo sobre um determinado assunto. Quando a pauta for escolhida, pesquise, se aprofunde naquele universo, abra o horizonte. Você verá que há muitos caminhos a seguir e parecerá perdido. Mas, acredite, isso vai permitir que em um segundo momento você faça um recorte interessante e atrativo.

As imagens

Precisamos nos atentar para algumas características intrínsecas do telejornalismo. A primeira delas é a imagem. Não significa que a nossa escolha sobre o que é notícia deva partir da premissa se há ou não imagens. Mas significa que o pauteiro deva sempre pensar nas imagens ao construir a matéria, pois é esse nosso diferencial em relação aos outros veículos.

Alguns assuntos são ricos em informação textual, mas pobres em informação visual. Aqueles que permitem que o repórter cinematográfico desenvolva um trabalho criativo e instigante têm mais chances de colher bons resultados. Ao produzir uma reportagem, devemos nos colocar nas situações que o repórter vai encontrar na rua e construir a informação visual como se não fosse existir o texto. Cada um tem sua maneira de fazer isso. O importante é pensar na construção da matéria como um todo. Não adianta levantar uma série de informações se não há como cobrir os *offs*, o texto narrado pelo repórter e ilustrado com imagens. A tendência é que a reportagem fique arrastada, sem ritmo, sem sabor.

A captação de boas imagens permite que o repórter se aprofunde no assunto, faça um texto mais elaborado, com um maior número de informações. Com a palavra, o repórter cinematográfico Luis Carlos Azevedo Andrade:

> Na redação discutimos o enfoque da matéria com a produção de pauta, chefia de reportagem e os editores. Na rua cinegrafista e repórter devem estar 'grudados' um no outro, porque a reportagem de TV não é uma obra individual, é um trabalho de equipe. O repórter não pode pensar no seu texto sem considerar a imagem.

As entrevistas

O segundo ponto de atenção do pauteiro deve ser com as entrevistas. Saber onde elas serão feitas é seu cuidado com a imagem. Imagine que estamos produzindo uma reportagem toda ao ar livre e, de repente, entra uma sonora – a fala do entrevistado – em um ambiente fechado, uma sala, por exemplo. Destoa ou não? A plástica é um atrativo para o telespectador, como veremos mais adiante.

O pauteiro deve, dentro dos limites da apuração feita por telefone, questionar o entrevistado sobre a possibilidade de encontrar o repórter em lugar mais adequado para ambientar a matéria.

Da mesma forma, se a cobertura vai retratar o antes e o depois, é preciso que o pauteiro pergunte ao entrevistado se ele tem fotos que possam mostrar a diferença, por exemplo. Nas reportagens em que queremos contar um fato antigo, é importante pesquisar as imagens de arquivo disponíveis.

Tenha em mente que perguntar nunca é demais. Peque pelo excesso, não pela omissão. Não deixe dúvidas para o entrevistado sobre o que você precisa e sobre o que está fazendo. Isso pode evitar que a equipe volte para a redação sem a matéria-prima necessária.

Um ponto importante é a utilização de informações recebidas via *releases*. Cuidado. As assessorias de imprensa são pagas para defender interesses dos clientes, sejam órgãos governamentais, empresas privadas ou profissionais autônomos, que se utilizam dos veículos de comunicação para criar uma imagem positiva perante a opinião pública. O serviço é legítimo e os *releases* podem ser fontes de boas histórias, mas não substituem o trabalho de apuração. A questão é a leitura que o jornalista faz da informação recebida e como a utiliza.

Uma postura indesejável é acreditar que a assessoria de imprensa está lá para resolver todos os nossos problemas e que é a única fonte de informação. Não é, pelo contrário. Aliás, no dia em que isso acontecer, será decretado o fim do jornalismo. Damos um exemplo: o repórter não deve procurar a assessoria de imprensa da Secretaria de Administração Penitenciária para saber quantos presídios há em São Paulo e quanto do orçamento público foi destinado para a área, pois essas informações são facilmente encontradas no site do governo estadual. Melhor seria ligar já de posse dessas informações para questionar o motivo da redução de verba e o que isso poderia acarretar.

Leve em consideração que informações básicas normalmente estão disponíveis em bancos de dados públicos. A internet, se bem usada, ajuda muito o trabalho de apuração e pesquisa. É preciso paciência e um pouco de conhecimento para garimpar na rede, mas a coleta de informações nos permite ampliar a contextualização do fato e traçar melhor a cobertura.

As fontes

A escolha das fontes que serão entrevistadas merece atenção redobrada. Primeiro, porque é desejável termos entrevistas que tragam uma abordagem nova, um jeito de ver diferente. Segundo, porque quanto maior a pluralidade de opiniões, melhor será a leitura que o próprio telespectador fará sobre o assunto retratado. Isso não quer dizer que devemos garantir a isonomia de tempo e espaço. Fazer um recorte da realidade é premissa do jornalista, levando em conta sempre o interesse público e a busca da verdade.

Para tanto, é imprescindível que as fontes tenham autoridade sobre o assunto e desenvoltura para falar. Além disso, os entrevistados não devem ser escolhidos apenas para corroborar uma ideia que está na cabeça do jornalista. Óbvio, não? Esse cuidado essencial, porém, nem sempre é tomado. Quando falhamos nisso, estamos enganando o telespectador, pois passamos a imagem de isentos, quando na verdade já sabíamos como a matéria seria antes mesmo da apuração. De maneira simplista, é como alguém que tem uma ideia, mesmo que a premissa seja falsa, e procura argumentos que a justifiquem. Corremos o risco de nos tornarmos os donos da verdade, de veicularmos conclusões, e não de promovermos o debate. E pior que isso: fortalecermos estereótipos. Portanto, tenha especial atenção no recorte escolhido.

A reportagem especial não tem a pretensão de encerrar um assunto, pelo contrário. O objetivo é sempre ampliar a gama de informações para o telespectador, para que em última análise ele tire as próprias conclusões. É nisso que reside a credibilidade de um veículo. O telespectador sabe que aquela informação foi checada, está livre de interesses empresarias ou pessoais. E se é tão difícil conquistar a credibilidade, é fácil perdê-la.

> [...] a verdade aqui é um fenômeno complicado e contraditório, mas se for visto como um processo ao longo do tempo pode ser captado pelo jornalismo. No fundo esse processo tenta chegar à verdade num mundo atordoado, primeiro despojando a informação de qualquer resíduo de dados errados, desinformação ou informação autopromo-

cional, deixando que a comunidade reaja e assim surja o processo seletivo das notícias. A busca da verdade se torna uma conversação.[1]

Investigando os prestadores de serviço

Você se lembra da reportagem sobre os prestadores de serviços? Pois então, decidimos fazer uma série de reportagens especiais sobre o tema.

O primeiro passo foi pesquisar as leis que regulam a atividade econômica. Em seguida, nosso produtor conversou com vários técnicos para saber quais os tipos de problemas mais comuns em aparelhos eletroeletrônicos e também no sistema elétrico de veículos. Nossa ideia era provocar alguns pequenos danos e fazer uma peregrinação em busca dos orçamentos para o conserto, como um cliente qualquer. E um detalhe: os defeitos provocados seriam simples, como retirar um fusível apenas. Se tudo desse certo, mostraríamos não só a variedade de preços como também explicitaríamos que algumas lojas procuradas sequer tinham feito a avaliação correta sobre o problema. Se, por outro lado, o prestador de serviço trabalhasse de forma honesta, ele apontaria o motivo exato da pane criada por nós mesmos.

Selecionamos algumas lojas e oficinas levando em conta que não poderíamos focar em apenas uma região da cidade, até para não corremos o risco de passar para o telespectador que o problema era pontual. Outra determinação foi não darmos os nomes das lojas.

Reportagem

Hora de ir a campo. Definimos que nosso produtor gravaria com uma câmera escondida a entrega dos aparelhos e do carro para que as lojas e as oficinas fizessem os orçamentos.

Na fase de pesquisa e de produção, o repórter participou ativamente dando sugestões e definindo inclusive a linha que o produtor deveria seguir nas conversas com os prestadores de serviço, que tipo de pergunta era importante fazer, ou melhor, que tipo de resposta caracterizaria a fraude.

Esse é um ponto fundamental. Muitas vezes o jornalista está mais preocupado em formular a pergunta seguinte do que em prestar atenção no que a pessoa na frente dele está dizendo. É comum o editor perguntar para o repórter o que o entrevistado disse sobre o assunto e ele responder: "Eu perguntei...". O editor não quer saber o que o repórter perguntou, mas sim qual a resposta do entrevistado, pois isso é o que importa para a reportagem. É claro que uma pergunta benfeita tem muito mais chances de colher uma resposta boa.

Certa vez, em uma entrevista com o cantor e compositor João Gilberto, ícone da bossa nova e uma das personalidades mais difíceis de atender à imprensa, o apresentador formulava as perguntas de modo excessivamente requintado, para parecer que entendia do assunto. Ao respondê-las, João Gilberto abria a boca apenas para dizer "acho que sim...", "acho que não...", "pode ser...". Ou seja, o telespectador que queria ouvir as boas histórias e as opiniões de João Gilberto teve que se contentar com respostas monossilábicas, simplesmente porque o jornalista preferiu dar uma aula de conhecimento de bossa nova.

Aqui vai uma regrinha básica: se você perguntar para uma pessoa o que ela acha de determinado assunto, em condições normais terá uma resposta mais abrangente, que revela um pouco da própria personalidade. Agora, se perguntar "você não acha que...?", automaticamente induz a resposta, com grandes chances de receber apenas um sim ou um não.

Perguntar não é das coisas mais simples. É natural que tenhamos medo de parecer ignorantes no assunto, de fazermos papel de ridículo diante de colegas e entrevistados. Para superar isso, prepare-se, informe-se antes, não há outro jeito. Se algo escapou, seja humilde, diga que não sabe, que não entendeu. Errado é voltar para a redação com dúvidas. Como em telejornalismo as respostas que serão usadas nas reportagens têm cerca de dez segundos, as perguntas precisam ser objetivas. Um repórter de TV não pede para o entrevistado fazer um raio-x, um balanço sobre determinada situação. Ele vai direto ao ponto, trabalha já pensando na edição, em qual é a fala importante do entrevistado.

Não há pergunta que não possa ser feita, por mais óbvia que a resposta seja. Você vai contar uma história e é a fala dos personagens que interessa. Imagine-se cobrindo uma enchente, por exemplo. Algumas pessoas perderam tudo, inclusive parentes e o drama delas será mais bem retratado se contarem a própria história. Mas use o bom-senso, não seja sarcástico, não procure o choro fácil, a emoção barata. Evite a pergunta batida "o que você está sentindo?", para mostrar a dor, o sofrimento, a desesperança.

No caso da nossa matéria, era fundamental gravarmos o prestador de serviço dizendo o que estava quebrado no aparelho e qual o valor do conserto. E isso foi feito. Depois de dez dias, tínhamos em mãos um bom material. Em praticamente todas as lojas foram constatados problemas diversos e os orçamentos para o conserto dos produtos eram completamente díspares.

O próximo passo era encontrar histórias de pessoas que tiveram problemas com prestadores de serviços. O repórter gravou as entrevistas com os personagens, com os próprios técnicos que haviam provocado os problemas nos aparelhos e no veículo, e gravou também as passagens, ou seja, o momento em que há a presença do repórter na matéria, normalmente com a informação mais importante do assunto.

Nesse caso, ainda antes de captar o material, repórter e editor definiram a linguagem plástica: tipo de enquadramento, o uso de arte, vinheta.

A partir daí, repórter e editor vão costurar as informações. O texto é do repórter e ele nunca deve abrir mão disso. Não raro, tem havido uma inversão de papéis nas redações de telejornalismo. No dia a dia, muitas vezes o editor acaba escrevendo o texto da reportagem. E isso, com pouquíssimas exceções, resulta em um material frio, sem a temperatura da rua. Então, por que isso acontece?

As redações seguem quase uma escala industrial de produção e, por conta disso, às vezes é mais prático, mais rápido, que o texto seja escrito pelo editor. Com isso, a tendência é ter reportagens com o mesmo formato, a mesma construção. Um produto pasteurizado, enfim.

O editor está ali para ajudar, acrescentar. A postura mais fria em relação à matéria permite eliminar excessos ou apontar falhas de conteúdo. Ele é o último filtro antes da informação ir ao ar. Mas o texto é do repórter e ponto. Em uma reportagem especial, então, é impensável, inadmissível que o repórter o delegue a outro ou se exima de escrever.

O olhar do repórter dá o tom da matéria. É ele quem vivencia o fato, que percebe as sutilezas das situações, que estabelece um contato direto com os personagens envolvidos, olho no olho. É ele quem mais sofre o impacto da emoção ou da revolta provocadas pelo assunto tratado. É para ele a maior parte dos louros pelo sucesso da reportagem especial, assim como é em cima dele que recai a maior parte da cobrança.

Portanto, mais do que qualquer outro profissional, o repórter participa de todas as etapas do trabalho. Quem se aventura pela reportagem especial não espera a pauta de mão beijada e nem entrega pura e simplesmente a matéria-prima para o editor. Ele se envolve do começo ao fim.

Outro ponto contribui para a distorção de papéis em uma redação: a qualidade dos profissionais. É comum as emissoras contratarem o repórter levando em conta somente a postura desse profissional diante das câmeras, ou seja, se fica bem, se segue o padrão de beleza vigente, é meio caminho andado.

Acontece que a reportagem é a alma de qualquer telejornal e ela depende imprescindivelmente do olhar do repórter. Não basta termos profissionais experientes na redação se quem está na rua não tem cultura, informação, bagagem, se não consegue fazer correlações entre fatos. É o repórter que traz para a redação o "algo a mais", o diferente. Muita gente quer, mas nem todos estão aptos a exercer essa função.

Em telejornalismo, chamamos o texto do repórter de relatório de reportagem. O documento define a estrutura da matéria, mostra o que ele próprio vai falar e o que os entrevistados vão dizer, num encadeamento lógico, claro e objetivo.

A fala do repórter acontece em *off,* quando a voz está ilustrada com imagens, e em passagens, quando a figura do repórter está na tela. A linguagem deve ser sempre coloquial, num tom de conversa, mas sempre respeitando as regras gramaticais da língua portuguesa. Não é concebível, em momento algum, erros de português.

Já quando os entrevistados aparecem dando um depoimento, o que chamamos de sonoras, o erro é permitido, uma vez que a pessoa não tem obrigação de conhecer a regra gramatical.

Cabe ao repórter explicar para o entrevistado, quando isso se fizer necessário, que ele deve usar uma linguagem simples, fácil de ser entendida. Normalmente, os especialistas em uma área usam jargões que nem sempre são de compreensão imediata. Em televisão, o telespectador deve entender a mensagem assim que ela for emitida. Não há uma segunda chance, diferente dos jornais impressos, por exemplo, em que o leitor pode retomar o parágrafo.

Um detalhe importante que já destacamos: bom repórter ouve o entrevistado. Parece óbvio, mas às vezes o profissional iniciante está tão preocupado em se mostrar eficiente que se atenta mais à pergunta que quer fazer do que à resposta. Resultado: muitas vezes obriga o entrevistado a falar duas vezes sobre o mesmo assunto, e o que é pior, não sabe qual fala destacar ao escrever o texto.

Outro ponto crucial é a objetividade. Antes de empunhar o microfone, o repórter já conversou com o entrevistado, levantou as informações e estruturou na cabeça o que estará no próprio texto e o que estará em sonora. Portanto, ele não deve perguntar tudo de novo ao gravar, nem pedir ao entrevistado que "faça um raio-x da situação...". Isso é improdutivo e só vai dar mais trabalho para o editor. No geral, três ou quatro perguntas são suficientes. Em *hard news*, uma boa sonora tem em torno de 10 segundos, então, seja objetivo e lembre-se que é a resposta que interessa. Se sempre tiver isso na cabeça, você evita que o editor precise juntar partes da fala do entrevistado, o que é muito ruim.

A seguir, apresento um modelo de relatório de reportagem. A matéria é parte da série chamada "Território desconhecido", que mostrou casos em que o consumidor foi enganado por prestadores de serviço.

Um detalhe: ao reproduzir os relatórios e as reportagens (este e os demais do livro), faremos exatamente da forma como eles costumam circular em algumas redações. Em maiúsculas e minúsculas, aspas, barras, chaves... Assim, quando você entrar em uma redação de televisão, já decifrará os jargões sem problemas.

Off: Era só pra fazer um orçamento, mas o encanador chega disposto a resolver o que ele ainda não sabe...

{sobe som}

"Eu vou desmontar tudo aí... /// na hora que eu desmontar, a gente vai colocar uma mangueira pra poder testar a saída do cano."

Off: Antes de checar, ele já aponta um problema.

{sobe som}

"Geralmente, entope essa tubulação. Aí eu vou passar essa máquina, né... O cabo flexível vai fazer uma desobstrução."

{passagem}: O problema não é na tubulação, é muito mais simples... nesta peça aqui, o sifão. Segundo os técnicos consultados pelo SBT Brasil, é o primeiro lugar que deve ser checado em caso de entupimento.

Off: Era este – apenas este – o problema desta pia. Nós colocamos cabelo e borra de café no sifão pra simular um entupimento básico, que seria resolvido facilmente, segundo este engenheiro./.

{sonora / Marcelo Gazzo – professor / Fundação Getúlio Vargas}

"Você tirou o sifão, jogou fora, limpou, tá funcionando normalmente"; "o técnico, às vezes, vem aqui, usa de má-fé e ele faz o quê: em vez de limpar o sifão, ele acaba entrando na rede de esgoto e cobrando pra desentupir."

Off: Sem saber que está sendo filmado, o técnico insiste que é necessário usar a máquina para desobstruir os canos, que não estavam entupidos./.

{sobe som}

"Vou fazer pra você 98 reais o metro"

Off: Ao fim do serviço, a conta: 390 reais./

{sobe som}

"Todo mundo cobra assim... pra falar a verdade, eu também acho caro, entendeu?!"

Off: Nossa produção faz contato com outros quatro técnicos. A maioria tenta aumentar o problema./.

{sobe som}

"E o único jeito de arrumar... é só com o maquinário, que a máquina vai raspando e tirando."

Repórter: E não pode ser sifão, né?!"

"Não... não, porque é bem pesado"

Off: Outros técnicos. E a mesma postura.

{sobe som}

"Provavelmente é o encanamento. Se fosse o sifão, lá não pingava, ficava vazio."

Off: O pequeno conhecimento que a maioria dos brasileiros tem sobre o sistema hidráulico é que abre brechas para a ação de técnicos mal-intencionados...

{sobe som}

Repórter: "O entupimento é onde?"

{sobe som}

"É no cano mesmo."

Repórter: "É no cano... Só no sifão não poderia ser, né?!"

{sobe som}

"Se fosse só no sifão não pingaria aqui."

Off: E sempre há uma pressão para que o serviço seja feito na hora...

{sobe som}

"200 reais... Se fosse fazer agora, eu faria pra você por 100 reais!"

Off: O professor Marcelo Gazzo acompanhou a gravação com o trabalho dos técnicos e viu tudo o que não deveria ser feito!

{sonora / Marcelo Gazzo – engenheiro...}

"Se eles simplesmente verificassem o copinho, teriam solucionado o problema. Mas todos eles quiseram passar a tubulação para cobrar mais."

{sobe som final com mais um lance da pilantragem}

{nota pé}

Off: Além do serviço cobrado pelo primeiro encanador, nossa produção pagou a taxa de visita de todos eles.

Off: Problemas no chuveiro, que não esquenta...

{sobe som da água caindo}

Off: Pode ser um problema bem simples, mas que pode custar caro!

{sobe som de um dos fornecedores}

"Trocar a fiação até o chuveiro, trocar esses dois disjuntores aqui e aí cortar essa ponta."

Off: É o que você vai ver amanhã, aqui no sbt Brasil.

O texto

Dominar bem a língua é tão importante para o profissional de televisão quanto para o colega da mídia impressa. Ainda assim, é comum escutar erros primários, tanto entre profissionais quanto nas universidades. E não adianta culpar a formação: é obrigação de todos nós conhecer a própria língua. E sempre, sempre é possível melhorar.

O texto de televisão tem uma série de características e regrinhas. As regras não eliminam a criatividade, nem o estilo. Veja, por exemplo, a letra da música "Construção", de Chico Buarque. Ao escrevê-la, ele estabeleceu uma regra *a priori*:

Amou daquela vez como se fosse a última

Beijou sua mulher como se fosse a última

E cada filho seu como se fosse o único

E atravessou a rua com seu passo tímido
Subiu a construção como se fosse máquina
Ergueu no patamar quatro paredes sólidas
Tijolo com tijolo num desenho mágico
Seus olhos embotados de cimento e lágrima
Sentou pra descansar como se fosse sábado
Comeu feijão com arroz como se fosse um príncipe
Bebeu e soluçou como se fosse um náufrago
Dançou e gargalhou como se ouvisse música
E tropeçou no céu como se fosse um bêbado
E flutuou no ar como se fosse um pássaro
E se acabou no chão feito um pacote flácido
Agonizou no meio do passeio público
Morreu na contramão atrapalhando o tráfego

Percebeu? Todas as frases terminam com palavras proparoxítonas. É possível dizer que a regra acabou com a criatividade?

Voltemos ao telejornalismo. O texto será ouvido. Ao escrever, então, leia em voz alta, note se está claro, fácil de ser entendido, se há sonoridade nas frases, se não há rimas que possam causar estranheza.

Devemos entregar para o telespectador tudo mastigado. Ele não tem a obrigação de conhecer detalhes de geografia e história, nem tampouco de fazer cálculos. Muitas vezes é melhor dizermos "seis em cada dez pacientes..." e não "61% dos pacientes...". Arredondar números também pode facilitar a compreensão.

Escolha palavras do dia a dia, comuns a todos. Evite gírias e linguagem técnica: "droga" ao invés de "entorpecente"; "morte" no lugar de "óbito", "preso", e não "detento". Simplifique sempre. Troque "a defesa civil notificou a família sobre o risco de desabamento" por "a defesa civil avisou a família do risco de desabamento".

Construa frases, de preferência, na ordem direta: sujeito, verbo, predicado. O verbo no infinitivo funciona melhor. Muito cuidado com gerúndios. Evite chavões como "o bom velhinho", "a chuva deu uma trégua", "correr atrás do prejuízo", "a festa não tem hora para acabar". Isso empobrece o texto.

Atenção com a precisão. Raio não cai, atinge; um juiz não acata um pedido, ele acolhe ou aceita; se algo subiu de 10 para 30, não subiu três vezes e sim duas (uma alternativa é dizer que "algo triplicou"); vítima fatal não existe, fatal é o que mata a vítima; Uma lei não prevê nada, estabelece.

Nas reportagens que envolvem crimes, cuidado para não glamourizar o bandido. Fuja de expressões como "ação espetacular" e adjetivos que atribuem qualidades positivas, como "ousado", por exemplo.

Essas regrinhas constam da maior parte dos manuais de telejornalismo e nos deixam mais atentos ao escrever. No entanto, elas não são a garantia de um bom texto, principalmente porque em telejornalismo escrevemos com imagens e isso faz toda a diferença.

As informações textual e visual se complementam, essa é a química!

Vamos a um exemplo: um grupo de pais fazia fila em frente a uma escola na tentativa de conseguir vagas para os filhos. Alguns, irritados com a espera e com o descaso das autoridades, começaram a balançar os portões, como se fossem quebrá-los. A imagem por si só era forte. O repórter Ernesto Paglia, da Rede Globo, descreveu a cena assim: "Falta de educação".

Uma única expressão resumia aquilo que estava acontecendo no momento, ou seja, a falta de educação dos pais e, ao mesmo tempo, a razão daquilo tudo, a falta de educação ou de vagas para todos.

O texto, de forma geral, não descreve a cena, com risco de cair na redundância. Muitas vezes usamos simbolismos, até porque com a imagem a informação que queremos passar fica clara. Não se trata de fazer poesia ou crônica, mas de escrever com sabor, entregar para o telespectador algo que ele compreenda e goste, e mais uma história que tenha ritmo, que prenda a atenção.

> [...] além do padrasto, Marina tem tios e outros parentes. Ainda assim, ela e duas irmãs foram levadas para este abrigo, em São Paulo, depois de uma denúncia ao conselho tutelar. A menina de 11 anos parou de estudar pra fazer o dever de casa da mãe [...].

Esse é o trecho de uma das reportagens da série especial "Infância roubada". Repare como o repórter Sérgio Utsch usa uma imagem figurada para contar que a personagem deixou de estudar para cuidar da casa.

Os três elementos básicos na estruturação da reportagem – *off*, passagem, sonoras – devem formar um corpo coeso. Uma coisa leva à outra, ou seja, se depois de um *off* vem uma sonora, a transição precisa ser linear. Assim é no dia a dia, assim deve ser em uma reportagem especial. A diferença é que, nesse caso, a linguagem pode ser ainda mais solta, um pouco mais literária.

Ainda tomando como exemplo a mesma reportagem, perceba como os elementos se encaixam:

> Off: Passou a obrigação de ser adulta... mas o medo não passou... e tem crescido.
>
> {Sonora} "Eu fico só com um pouquinho só de medo... De eu não ver mais minha mãe. Eu tenho medo!"

Escrever com imagens 53

A sonora deve acrescentar informação e não reafirmar aquilo que já foi dito pelo repórter. Detalhe: normalmente, a pergunta do repórter não entra no ar. Dizemos que o texto dá o "gancho" para a sonora. No exemplo anterior, você sentiu falta da pergunta?

Em geral, é assim que acontece... mas em alguns casos o uso da pergunta é necessário:

> Off: O Brasil dos abrigos tem pais que não conseguem ser pais... mas, Antônio, de 10 anos, ainda espera... Se ele quer ser adotado?!
>
> {sonora}:–
>
> "Não. Nunca."
>
> Repórter: "Por quê?"
>
> {sonora}:–
>
> "Porque eu tenho uma família. Minha mãe, meus pais, meus tios."
>
> Repórter: "Você está aqui por que então?"
>
> {sonora}:–
>
> "Porque minha mãe colocou nós aqui porque não tinha condições."

O depoimento é bastante contundente, não? Por isso, optamos por editar com a pergunta do repórter e destinar um tempo para a sonora maior que o comum.

Como dissemos, as reportagens especiais permitem maior flexibilidade das regras. Abaixo transcrevemos a primeira matéria da série "Infância roubada". Preste atenção no uso de "sobe som", arte, *offs* curtos valorizando as sonoras.

> CABEÇA: A PARTIR DE HOJE, AQUI NO SBT BRASIL, VOCÊ VAI CONHECER UMA REALIDADE DRAMÁTICA./ VAMOS MERGULHAR NO DIA A DIA DE MILHARES DE CRIANÇAS QUE VIVEM EM ABRIGOS E ORFANATOS.//

UM UNIVERSO DE OITENTA MIL PEQUENOS BRASILEIROS./
AO CONTRÁRIO DO QUE MUITA GENTE IMAGINA, A MAIORIA
DELES NÃO ESTÁ LÁ PORQUE OS PAIS MORRERAM.//

AS IDENTIDADES DAS CRIANÇAS FORAM PROTEGIDAS DE
ACORDO COM A LEI.//

Sobe som inicial/imagens de crianças nas ruas no farol...

{sonora / Gustavo}

"Minha mãe não tinha com quem deixar nós cuidando."

{sobe som}

{sonora / Marina}

"Ela deixou eu com os meus irmãos e depois não voltou
mais eu não sabia por quê."

{sobe som}

{sonora / Anderson}

"Eu ia na rua lá pedir dinheiro pra comprar leite para as
minhas irmãs e comida."

{sobe som}

{sonora / Rafael}

"Meu pai usou droga, não pagou, mataram, e minha mãe
sumiu no mundo, não sei onde tá."

{sobe som inicial / Crianças no sinal}

Off 1: Você já se comoveu com estas crianças?

{sobe som trânsito buzinas}

Off 2: Daniela foi uma delas.

{sonora / Daniela}

"Eu ia com minha irmã no colo, ia pro farol pedir... Se eu
não voltasse pra casa com dinheiro na mão eu apanhava,
de cinto, de qualquer coisa... Eu era jogada na parede, é
muito difícil lembrar tudo isso..."

Off 3: O dinheiro era para comprar droga.

{arte 1 / imagem congelada}

Os pais de Daniela são dependentes químicos. Eles perderam a guarda dos filhos.

Off 4: Dos pais, ficou uma referência... A pior que um filho pode ter!

{sonora / Daniela}

"Meus pais pelo jeito me largaram... Como se fosse nada!"

Off 5: Na nova casa de Daniela, sobram carinho, irmãos, são sessenta... Mas falta muita coisa por aqui... Escova de dente, sabonete, creme, achocolatado... Pai e mãe!

{sonora / Daniela}

"Eu só vim pra cá porque diz que o meu padrasto não pode ficar com nós porque ele tem que trabalhar. Aí ele falou assim quando ele arrumar o dinheiro dele pra alugar uma casa, ele vai pegar, vai alugar uma casa e ele vai atrás da minha mãe e se ele achar minha mãe vai pegar nós de volta."

{arte 2 / imagem congelada}

A mãe de Marina abandonou os filhos e desapareceu.

Off 6: Além do padrasto, Marina tem tios e outros parentes. Ainda assim, ela e duas irmãs foram levadas para este abrigo, em São Paulo, depois de uma denúncia ao Conselho Tutelar./A menina de 11 anos parou de estudar pra fazer o dever de casa da mãe...

{sonora / Marina}

"Em casa eu que cuidava, né... fazia comida enquanto meu padrasto ia trabalhar, fazia comida, arrumava a casa e cuidava dos meus irmãos. Aqui é totalmente diferente. Quem cuida de nós é os outros. Não é nós que se cuida."

Off 7: Passou a obrigação de ser adulta... Mas o medo não passou... E tem crescido.

{sonora / Marina}

"Eu fico só com um pouquinho só de medo... De eu não ver mais minha mãe. Eu tenho medo!"

Off 8: A história de crianças como Marina é cada vez mais comum entre as oitenta mil que vivem nos abrigos do país./.

{passagem}

Ao longo dos últimos dez anos, o Brasil deixou de ser o país dos orfanatos pra ser o país dos abrigos. Isso porque apenas 5% das crianças que vivem em instituições como esta aqui são órfãs de verdade. A grande maioria foi abrigada porque não teve em casa o mínimo a que tinha direito.

Off 9: Violência. Pobreza. Abandono. Exploração...

{sobe som}

Off 10: O Brasil dos abrigos tem pais que não conseguem ser pais... Mas, Antônio, de 10 anos, ainda espera... Se ele quer ser adotado?!

{sonora / Antônio}

"Não. Nunca."

Repórter: Por quê?

{sonora / Antônio}

"Porque eu tenho uma família. Minha mãe, meus pais, meus tios..."

Repórter: "Você está aqui por que então?"

{sonora / Antônio}

"Porque minha mãe colocou nós aqui porque não tinha condições."

{arte 3}

Há três anos, Antônio e os três irmãos esperam um sinal da mãe.

{sobe som}

Off 11: Mara não conheceu nem pai, nem mãe. Cresceu num abrigo e não conseguiu evitar que os filhos tivessem o mesmo destino. Deixou a favela onde morava e agora vive nos fundos de uma garagem, na periferia de São Paulo...

Um lugar sem paredes, sem quarto, sem banheiro, mas com um pouco de esperança./.

{sonora / Mara}

"Só tá dependendo de mim, né, pra mim pegar eles, né... Me estabilizar, ter minha casa, ter meu espaço, o espaço deles, né..."

{imagem congelada para a frase seguinte}

Off 12: Estatuto da Criança e do Adolescente

Artigo 23:

"Nenhuma criança pode ser tirada da família por causa da pobreza."

Off 13: Mas a realidade ignora a lei.

{sonora / Jô França – assistente social}

"Alguns pais, algumas mães a gente percebe que fazem um esforço muito grande pra reaver seus filhos. Outros infelizmente não."

Repórter: "Quem é maioria?"

{sonora}:–

"Infelizmente os que não conseguem voltar pra buscar."

Off 14: E, assim, crianças como a que pedia dinheiro na rua, têm que aprender a aceitar o Brasil dos abrigados...

{sonora}:–

"Pra mim ser adotada ia ser impossível com minha idade... eles adotavam só crianças pequenas. Eu já tinha 10 anos de idade. Ninguém ia querer me adotar. Aí eu ficar olhando, começava a chorar muito e perguntava pra tia Jô por que eu não podia ser adotada."

{sobe som}

Off 15: Por que muitos não são adotados? É a história que você vai ver amanhã aqui no SBT Brasil.

A ordem direta não é um imperativo. Na reportagem especial, o chamado "lide" deve ser encarado como compromisso, não como uma espécie de amarra. Isso quer dizer que a estrutura de uma matéria convencional tende a ser menos atrativa do que a de uma especial. Esta consegue reunir elementos que, na maioria das vezes, respondem às perguntas "o quê?", "como?", "quem?", "quando?", "onde?" e "por quê?" de maneira ainda mais clara, de forma mais compreensível e plasticamente mais bem trabalhada.

Por outro lado, quanto maior a amplitude que se dá ao assunto, maior é o tempo de veiculação. Textos longos correm mais riscos de ficarem arrastados, de perderem a clareza, de saírem do foco. Prender a atenção do telespectador por quatro, cinco minutos não é uma tarefa fácil.

No caso das séries, apesar de haver um eixo central perpassando todas as reportagens, elas precisam ser tratadas individualmente, com começo, meio e fim. Imaginar que uma série possa ser construída como uma "novelinha", ou seja, com capítulos, é sonegar informação para o telespectador, na medida em que não há garantia alguma de que ele vai acompanhar todas as reportagens.

Passagem

A presença do repórter no vídeo chama a atenção do telespectador. Assim, a passagem costuma trazer a informação mais importante da reportagem. Ela também é usada para fazer um corte de tempo ao longo da reportagem ou para destacar uma informação que não tinha uma imagem correspondente e, por conta disso, não poderia ser colocada em *off*.

De qualquer forma, o tom deve ser de uma conversa. Normalmente, nas matérias diárias, há uma passagem. Já nas reportagens especiais, a presença do repórter no vídeo pode e deve ser ampliada, mesmo porque o tempo é maior. Nesse caso, o casamento do conteúdo do texto com a informação visual deve ser perfeito. Não tenha pressa, escolha o ambiente mais correlato com o assunto da reportagem, mesmo que ela tenha que ser gravada outro dia.

Tente fazer enquadramentos com movimento de câmera, isso enriquece a passagem. Em algumas situações, use planos abertos que mostrem o ambiente. Não faz sentido irmos para a Antártida, por exemplo, e fazermos uma passagem no plano 3 x 4. O telespectador valoriza a presença do repórter no local.

Muitas vezes o microfone de lapela ajuda, deixa os movimentos dos braços e mãos mais naturais. O cuidado com a aparência é importante quando se está no vídeo, mas não exagere. Seja simples e elegante. Para os homens, o terno é a vestimenta básica. Em alguns casos, é possível optar pelo esporte fino – camisa e blazer – ou só por uma camisa, se estiver na praia, por exemplo. Para as mulheres, o terninho ou camisas sociais são boas opções. Prefira as cores pastéis. Evite os decotes, as blusinhas de alça. Ombros e braços não devem ficar à mostra. Os acessórios devem ser discretos, nada de brincos, gargantilhas ou anéis enormes. O telespectador deve prestar atenção no que você está falando, não usando. A maquiagem requer cuidados. Você não vai a uma festa, então seja simples. Um batom vermelho chamativo não vai ficar bem.

Reportagem participativa

A linguagem participativa já foi muito utilizada em telejornalismo, mas perdeu o charme com o passar dos anos. Esse tipo de solução suscita dois questionamentos: primeiro, será que o repórter não se torna mais importante que a notícia? E segundo, esse tipo de linguagem não subverte o conceito da equidistância sobre o fato retratado?

Esses dois pontos são importantíssimos na hora de decidir-mos a linguagem a ser utilizada, e de novo vale o bom-senso.

Normalmente, em nome da objetividade, o repórter adota um "olhar de fora", sem envolvimento. Por outro lado, ao vivenciar situações ele se aproxima do telespectador, pode relatar as sensações, os medos, as alegrias.

A reportagem especial tem muito da observação do repórter. Não se trata de emitir opinião sobre a notícia ou fazer uma análise do fato, mas sim de contar para o telespectador algumas nuances, que nem sempre estão retratadas em imagens.

Pense em um correspondente que tenha feito a cobertura da passagem do furacão Katrina pelos Estados Unidos ou do tsunami na Indonésia. Ele poderia fazer um encerramento relatando, por exemplo, como é para ele estar ali naquele momento. Lembre-se que o repórter representa os olhos do telespectador no local.

Mas muito cuidado. Na tentativa de transformar aquilo que tem significado jornalístico em algo interessante, há uma linha tênue que separa o bom gosto do piegas, assim como a informação do puro entretenimento.

Outro ponto a ser considerado é o estilo do repórter. Nem todos conseguem utilizar a linguagem participativa de forma natural. Não há demérito algum nisso, é apenas uma questão de jeito na abordagem dos assuntos. Na tentativa de ser natural em determinadas situações, o profissional pode passar para o telespectador a sensação de algo "armado", construído, falso, e o resultado acaba sendo o oposto do esperado.

O repórter Diego Sangermano realizou uma série de reportagens especiais sobre o Carnaval 2008 para o SBT utilizando a linguagem participativa, e o resultado foi bastante interessante.

Nessa época, as emissoras de televisão fazem uma cobertura ampla para alguns, exaustiva para outros. De qualquer forma, o Carnaval é pauta em todas as redações. A rede Globo compra os direitos de transmissão do desfile; portanto, além da cobertura nos telejornais, o tema tem espaço garantido na grade de programação. As demais emissoras focam principalmente na cobertura jornalística, algumas com viés nos bastidores, outras com reportagens sobre os desfiles das escolas do Rio e de São Paulo, ou dos trios elétricos em Salvador.

Dois meses antes do evento, começamos a pensar como faríamos uma cobertura que se diferenciasse das nossas concorrentes. A primeira ideia era uma série de matérias com a bateria de uma escola de samba. E por que a bateria? Porque esse é o coração de uma escola. O repórter se passaria por alguém que gostava de desfilar e iria aprender a tocar um instrumento a dois meses do desfile. Há uma imensidão de gente que chega às quadras das escolas com o mesmo intuito impossível. A bateria de uma escola ensaia durante muitos meses até conseguir a batida certa, não há espaço para o folião, a não ser que ele comece a frequentar os ensaios com muita antecedência. Era justamente isso que queríamos mostrar. Para um dia de desfile, há um trabalho árduo.

Destacamos um produtor para levantar uma escola que nos permitisse realizar a série. Escolhida a agremiação, era hora de falar com o presidente e o mestre de bateria. A assessoria de imprensa gostou da ideia e nos abriu caminho. Nas conversas, decidimos ampliar nossa abordagem. A cada semana mostraríamos uma das cinco alas: bateria, mestre-sala e porta-bandeira, baianas, passistas e comissão de frente. Esta última com o compromisso de não revelarmos os detalhes da coreografia. Acompanhe uma das reportagens:

CABEÇA: NO RITMO DO CARNAVAL, O DESAFIO CONTINUA./
O REPÓRTER DIEGO SANGERMANO INSISTE EM DESFILAR

EM UMA ESCOLA DE SAMBA. DEPOIS DE SER REPROVADO NA BATERIA, A ESPERANÇA AGORA É NA HARMONIA./ OU SERÁ COMO MESTRE-SALA??//

Off: Desfilar na bateria./ Contagiar o público com muito ritmo, som ..../ Esse era meu sonho, era./

{sonora / mestre Augusto – X-9}

"Você é ruim pra caramba"

Off: Mas quem disse que o sonho acabou????

{sonora / mestre Augusto – X-9}

"Sonho ou pesadelo?"

Off: Quando eu cheguei na escola, já vi a cara dos componentes da harmonia na hora do trabalho./ Foi de dar medo./

{sobe som}

Off: Se eu achava que o mestre Augusto era bravo, era porque não tinha conhecido o Carlão e o Berg./ E a temida pergunta foi inevitável./

{sonora / Carlão – diretor de harmonia – X-9}

"Você sabe o que é harmonia???"

Off: Essa resposta ainda me mata./ E a cara de bravo explica a responsabilidade./

{sonora / Berg – diretor de harmonia – X-9}:

"É o setor que cuida de toda a escola..."

Off: É... Esses homens e mulheres cuidam de tudo na hora do desfile./ Desde a bateria até os foliões./ Eles têm que fazer todo mundo cantar e dançar no ritmo./

{sonora / Kaxitu Campos – coordenador da União das Escolas de Samba Paulistanas}

"Eles cuidam do desfile para que os buracos não apareçam..."

Off: Cantar, dançar, vigiar, dar ordem./ Tá ficando complicado./ No teste de canto eu até fui bem.

{sobe som}

Off: Mas na hora do samba...

{sobe som}

Off: É... A resposta já estava na ponta da língua./ Dele e de todo mundo...

{sonora / Carlão}

"Gente, ele serve pra harmonia? / Não!"

Off: É... Acho que é hora de desistir... Mas eis que surge uma luz de esperança...

{sonora / Carlão}

"Acho que você pode tentar sair como mestre-sala."

Off: Mestre-sala... Parece fácil./ Ficar girando, girando, junto com uma mulher bonita./ Agora é comigo./ Primeiro eu tinha que mostrar pra Karina que poderia ser um mestre-sala./ No tamanho nós até combinamos...

{sonora / Karina – porta-bandeira – X-9}

"Dom?"

Off: É... Vamos lá./ Ganhei até um lencinho./ Gira, gira ...e?/

{sonora / Karina – porta-bandeira – X-9}

"Você ainda não tem o dom."

Off: Com um professor vai ficar bem mais fácil./ A única dificuldade era responder a velha pergunta.

{Daniel – mestre-sala – X-9}

"Então... Então... É melhor pedir ajuda."

Off: Guardião./ A função do mestre-sala é cuidar da porta-bandeira e do pavilhão da escola./ Dançando em volta em forma de proteção, nunca dando as costas...../ Qualquer descuido é fatal na hora do desfile, inclusive sambar./

{sonora / Gabriel}

"O mestre-sala que sambar vai dançar na nota."

Off: Já que eu não preciso sambar ficou melhor./ ... É, não tão melhor assim./ Os passos básicos, uma mistura de uma dança antiga chamada minueto e de capoeira confundiu minha cabeça...

{sobe som}

Off: Ou melhor, meus pés./

{sobe som}

Off: O Daniel? Ele só ria./

{sobe som}

Off: Na hora de girar... humm que dificuldade./

{sobe som}

Off: E na hora de abaixar???

{sobe som}

Off: Eu nem precisava, mas resolvi perguntar... mas o meu desempenho?

{sonora / Daniel}

"Desta vez não vai dar."

Off: Mas meu sonho de desfilar não ia acabar assim./ Aos 45 minutos do segundo tempo, o Daniel me deu outra luz....

{sonora / Daniel}

"Acho que você pode sair na comissão de frente. Fala com a Cris."

Além de mostrar os ensaios e os preparativos, falamos da expectativa, da força que une as pessoas, dos desejos, dos medos e da angústia com a pontuação, enfim. E para fechar a série, no dia do desfile lá estava o repórter fantasiado. Ele saiu na ala dos foliões, aqueles que de última hora querem participar do espetáculo e sentir o gostinho de desfilar. Queríamos ter colocado uma microcâmera no repórter para registrar as imagens por dentro da ala, mas isso não foi possível. Os jurados podem tirar pontos da agremiação quando percebem que um folião está com qualquer objeto que não faça parte dos adereços.

Colocamos, isso sim, escondido por baixo da fantasia, um frequencímetro para marcar os batimentos cardíacos de quem nunca havia pisado na avenida. Duas equipes, uma ao lado da passarela e outra na arquibancada, captaram as imagens. Ao longo da série, mantivemos a preocupação de não transformarmos as reportagens em simples entretenimento e não deixarmos que o repórter passasse a ser mais importante que a informação. Conseguimos. O texto tinha humor, leveza e ao mesmo tempo revelava um pouco dos bastidores da maior festa popular do Brasil.

Edição

Se a reportagem especial não pode abrir mão do olhar do repórter sobre os fatos, a garantia do equilíbrio muitas vezes está na mão do editor. Distante do calor dos acontecimentos, ele consegue ter uma visão mais abrangente do conteúdo produzido. Nas grandes redações, repórter e editor caminham juntos na produção das reportagens especiais. O diálogo constante permite que o produto final tenha um eixo claro. O trabalho começa já no encaminhamento da reportagem, ou seja, de onde vamos partir e aonde vamos chegar, o que é discutido no desenrolar da produção. No caso de reportagens com ganchos factuais, o editor abastece o repórter de informações. Também passa pelo editor a maior parte das soluções estruturais e plásticas da reportagem.

"A edição de uma série de reportagens exige que você enxergue todas as matérias antes de começar a escrever e defina o que vai em cada uma. É preciso ter uma linha condutora e uma sequência que prenda o telespectador, o leve a assistir até o final. O tratamento da edição precisa ser diferente do dia a dia. Para isso, precisamos criar artes, vinhetas e uma linguagem visual interessante, atraente e adequada ao conteúdo", diz a editora de texto Maria Peixoto.

Muitos jornalistas confundem linguagem visual interessante com o uso de efeitos. Nada mais simplista. É claro que efeitos podem ser usados, mas na medida certa. Caso contrário, a reportagem fica mais parecida com vídeos de aniversário, formaturas ou institucionais.

Quando bem utilizado, o efeito realça detalhes que queremos que o telespectador preste atenção. Evidentemente que em hipótese alguma podemos alterar a veracidade da informação transmitida pela imagem.

Todo o material que chega da rua deve ser "decupado", ou seja, visto nos mínimos detalhes. No cotidiano, isso é feito pelo editor, mas em reportagens especiais normalmente o repórter participa do processo, até porque são horas e horas de gravação e rever tudo facilita no momento de estruturar o texto, escolher a melhor fala de um personagem ou a melhor imagem.

A ilha de edição não é uma caixinha de mágica, nem faz milagres. Há uma relação direta entre o material bruto e o produto final. A criatividade deve perpassar todas as etapas do processo.

A série de reportagens especiais "Infância roubada", da qual já falamos, é um bom exemplo disso.

O objetivo era retratar as histórias de centenas de crianças que vivem em abrigos à espera de adoção. Esse é um assunto que requer todo o cuidado. Muitas crianças sofreram histórias dramáticas, de abandono, de falta de carinho, de falta de perspectiva. Por outro lado, o Estatuto da Criança e do Adolescente (ECA) impõe uma série de restrições com o intuito de preservar a integridade e a imagem dos jovens. E por último, as pessoas que trabalham com crianças e adolescentes têm uma restrição imediata quando se fala de imprensa.

Ao entrar em uma empreitada como essa é fundamental sabermos quais os desafios que vamos encontrar e quais os limites que precisaremos respeitar. Imagine gravar em um abrigo para menores. Que tipo de imagem podemos fazer? Como conversar e entrevistar as crianças sem identificá-las?

Não queríamos simplesmente cobrir o rosto dos meninos e meninas com algum efeito de edição. Nem gravar detalhes como boca, mãos ou olhos. Essas técnicas são comumente usadas quando não se pode revelar a identidade de um criminoso e, se utilizadas indiscriminadamente, colaboram para o agravamento de preconceitos sociais.

Além disso, não desejávamos uma solução simplista. Essa era uma chance de exercitarmos, encontrarmos um novo formato. No *hard news*, isso é muito difícil, porque o tempo de produção é restrito. Agora era diferente. Havia tempo para pensar em uma linguagem. Optamos por captar imagens com enquadramentos mais distantes, por vezes com objetos entre os jovens e a lente da câmera, de maneira que eles não fossem identificados e nem estereotipados.

Utilizamos também imagens fotográficas feitas pelo próprio repórter, como um segundo olhar. A edição deu um tratamento especial para as fotos e a linguagem ficou coerente com o conteúdo da reportagem. Um dos pontos que merece destaque quando se fala em linguagem plástica de reportagens especiais é a vinheta, que pode estar antes ou depois do texto do apresentador para chamar a reportagem. Ela destaca a matéria, cria uma marca e, no caso de séries, dá um sentido de unidade.

Áudio

Você deve ter percebido que a abertura dos capítulos tem epígrafes de versos de músicas. E elas estão lá por três motivos: primeiro, gostamos de música; segundo, funcionam como uma representação simbólica do que queremos, é como se resumissem a alma do nosso raciocínio; terceiro, são um recurso extremamente interessante na reportagem especial, não só na composição plástica, mas também como informação. Normalmente, as emissoras compram pacotes, pagando os direitos autorais pelas obras.

Afora nosso gosto musical, que não está em discussão, as trilhas devem ser usadas com comedimento. Na cobertura de *offs* é complicado, principalmente músicas com letras, porque podem se misturar com a narração e desviar a atenção do telespectador.

Por outro lado, são bem-vindas quando queremos dar um "respiro" nas reportagens, ou seja, nos momentos em que é preciso uma pausa no texto. Chamamos isso de *sobe som*. A narração para e o editor aumenta um pouquinho o áudio para que ele fique em primeiro plano, durante dois ou três segundos.

As trilhas sem letras, chamadas trilhas brancas, podem ser utilizadas com mais frequência. A televisão trabalha com dois sentidos: a visão e a audição. Daí a preocupação com o áudio ser fundamental. Ele dá leveza, sabor, traz características do ambiente retratado. Imagine uma reportagem sobre trânsito sem o barulho dos carros, ou uma Unidade de Terapia Intensiva (UTI) sem aquele barulhinho característico dos equipamentos médicos.

Estamos falando do próprio som ambiente, o BG (*background*). Ele enriquece a reportagem, dá vida. No entanto, nem sempre o jornalista se atenta para isso. A captação do áudio feita pelo repórter cinematográfico deve ser valorizada no texto pelo repórter, pois a construção plástica da reportagem começa na rua e não na ilha de edição. Voltamos a dizer: tanto melhor será o trabalho dos editores quanto melhor for a matéria-prima.

Na série de reportagens especiais "Tráfico de animais: na rota da extinção", realizada em São Paulo e no sertão baiano, nossa equipe usou e abusou dos BGs. Entendemos na ocasião que nada seria mais representativo do que os sons emitidos pelo animais enjaulados, quase um grito de socorro.

Nota

[1] Bill Kovach e Tom Rosenstiel, *Voz e corpo na TV*: a fonoaudiologia a serviço da comunicação, São Paulo, Globo, 2003, pp. 72-3.

Trabalho em equipe

Toda pessoa sempre é as marcas das lições
diárias de outras tantas pessoas.
Gonzaguinha, "Caminhos do coração"

Você já percebeu que telejornalismo não se faz com uma única cabeça e nem com poucos braços. No caso das reportagens especiais, essa premissa ganha ares ainda mais abrangentes.

O ideal é que as pessoas envolvidas tenham um pensamento sistêmico sobre a produção, ou seja, consigam identificar e organizar as tarefas de cada um, com suas nuances e necessidades específicas. E mais que isso, pensem no começo, no meio e no fim da história.

O trabalho se torna mais fácil e produtivo quando um maior número de profissionais forma um núcleo coeso e envolve-se com a história desde o início. Isso, claro, se a equipe em questão tiver maturidade e sintonia suficientes pra administrar tantos pensamentos. As informações passam a ser compartilhadas, o que possibilita definir cada ação com mais rapidez e foco. Cada profissional, dentro das especificidades de sua atividade, contribui com sugestões e com a própria leitura sobre um fato determinado.

Um dos pontos fundamentais a ser levado em consideração quando se pretende realizar uma reportagem especial é o tempo, aliado e carrasco. Em *hard news*, o tempo é diminuto e muitos dos erros que cometemos na divulgação de notícias têm sido atribuídos a ele de forma simplista e passional. A escassez de tempo não pode, nunca, justificar a falta de primor na apuração. É verdade que as redações passaram por reestruturações de pessoal e, de maneira geral, o número de jornalistas foi reduzido, o que significa mais trabalho. Em contrapartida, os avanços tecnológicos facilitaram o acesso a informações. De mais a mais, cabe a nós encontrarmos a melhor maneira de atuar frente aos desafios impostos e não nos escondermos ou nos escorarmos nas dificuldades para justificar um trabalho malfeito.

A produção do que chamamos de reportagem especial pode ser bem mais dolorida, trabalhosa e difícil do que a de uma reportagem convencional. O ritmo frenético das redações, na maioria das vezes, dificulta esse tipo de investimento. Sim! É como um investimento, daqueles em que o dinheiro tem que ficar parado por um tempo pra render e dar lucro. No telejornalismo, o raciocínio é bem parecido.

Pense numa reportagem sobre o trânsito de uma grande cidade brasileira. O tema é apresentado com frequência nos principais telejornais do país. Coloque-se no lugar de um produtor, que vai elaborar uma pauta para o dia seguinte. Ele tem que achar um foco, apurar informações, escolher entrevistados e deixar algumas sugestões de locais onde as imagens possam ser feitas. O trabalho não precisa ser realizado necessariamente nessa ordem, mas o produtor terá que pensar em todos esses quesitos. E bem rápido. No dia seguinte, o repórter vai ler aquilo tudo para transformar a ideia numa reportagem. O editor entra com um segundo par de olhos supostamente sensíveis ao assunto. E transferirá isso ao editor de imagens, que também deve estar por dentro do que se pensou lá atrás, quando o produtor começou a trabalhar.

Como tudo no telejornalismo, a ordem das tarefas também pode se inverter. Em caminhos sinuosos ou não, nas redações, as ideias seguem de mente em mente até serem finalizadas nas ilhas de edição, muitas vezes bem diferentes do que começaram. E tudo rapidamente, pois é preciso colocar um jornal no ar todos os dias. E não sobra muito tempo para refletir com mais profundidade.

A reportagem especial quebra essa ordem. Ela precisa de mais atenção, mais cérebros. E quanto tempo é necessário? Depende da proposta, do objetivo, do grau de profundidade que se quer e se pode dar àquele determinado assunto. Só uma coisa é certa: não contem com ela para o dia seguinte.

Isso não significa que o ritmo deva ser menos frenético. Se de um dia para o outro, o resultado é "x", em dois dias espera-se, pelo menos, o dobro. Em três, mais ainda. Não se trata de considerar o jornalismo uma ciência matemática, mas de aplicá-la numa lógica perfeitamente compreensível. Como diz um ditado na redação, pizza de muçarela a gente faz na hora, já a de carpaccio leva mais tempo. Essa perigosa vantagem deve ser administrada com habilidade. Afinal, não faz sentido um investimento maior se o tratamento de um determinado assunto não for bem diferente daquele que recebeu no jornalismo convencional. Com mais tempo, todos os ingredientes de uma reportagem especial têm mais chance de serem selecionados na dosagem. A suposta "folga" deve ser aproveitada para que o resultado final seja mais saboroso.

Tomemos como exemplo duas reportagens especiais sobre denúncias em leilões do Tribunal Regional do Trabalho de São

Paulo (TRT). Recebemos a informação de que bens eram leiloados mais de uma vez, o que significava que o comprador pagava pela mercadoria, mas nem sempre levava. Decidimos investir na história. Durante uma semana, um dos nossos produtores mergulhou no assunto, leu os regulamentos, acompanhou os leilões, conversou com compradores e com leiloeiros. Só depois fomos em busca de imagens para ilustramos as reportagens. Com uma câmera escondida, nosso produtor foi a três leilões no prédio do TRT e conseguiu flagrar bens que já tinham sido leiloados sendo novamente oferecidos. Cumprida esta etapa, era hora de gravar com os personagens, pessoas que pagaram por computadores, carros e até um prédio, sem saber que já tinham sido vendidos para outras pessoas, que também haviam arrematado as mercadorias em leilões.

O trabalho rendeu duas reportagens especiais. Entre a pauta, as gravações e a edição do material consumimos cerca de um mês. Parece muito tempo, e é. Por isso, é fundamental que, antes de começar qualquer produção, todos os envolvidos na reportagem e os chefes diretos conheçam o cronograma, o que evita pressões dos colegas que estão na linha de frente dos telejornais, ávidos por material, de olho no jornal do dia.

Outra vez decidimos apostar em uma reportagem sobre a falta de higiene em consultórios dentários. O jeito mais simples de realizar a matéria era acompanhar uma blitz da vigilância sanitária, mas optamos por outro caminho.

Dois produtores se passariam por pacientes e tentariam conseguir um flagrante. No fim do primeiro dia de produção, eles voltaram com pouco material sobre o assunto, mas com uma sugestão que ampliou o foco da cobertura: os diagnósticos enganosos. Investimos na história e, durante uma semana, eles visitaram uma dezena de consultórios dentários. Ao final da empreitada, colocamos no ar uma reportagem de quase cinco minutos que mostrava não só a falta de higiene, mas também a falta de ética de alguns dentistas.

Valeu? Claro que sim, mas não podemos esquecer que tempo em televisão é dinheiro! Custa caro tirar uma equipe do dia a dia, deixá-la dedicada a um assunto que é uma "aposta", pagar o preço de horas e horas de trabalho sem a garantia de resultado.

Planejamento

Os departamentos de jornalismo fazem parte de uma empresa que deve ser eficiente, ou seja, não adianta apenas fazer benfeito, é preciso fazer benfeito com o menor custo possível. Muitas ideias se perdem porque relegamos esse fator a um segundo plano. Ao propor uma reportagem especial para sua chefia seja claro, explique quais os riscos inerentes à empreitada, levante os custos de forma realista.

O planejamento ajuda a mostrar se, além de a ideia ser boa, ela é viável economicamente. Lembre-se que ao fazermos uma reportagem especial, normalmente a equipe trabalha mais, por isso é fundamental contemplar o custo com horas extras.

Calcule quantos dias de locação serão necessários. Leve em consideração a previsão do tempo, pois se chover complica. Se a reportagem for fora de sua base, há custos com hospedagem, alimentação, transporte. Calcule sempre uma verba extra, principalmente quando a maior parte da produção é feita no local.

Imagine que você viajou de São Paulo a Roraima para cobrir um conflito entre índios e arrozeiros. Só que você está impossibilitado de chegar até o local dos fatos porque o carro disponível não é o adequado para o terreno. Frustrante, não? Uma das nossas equipes viveu isso na pele. O veículo locado não tinha tração 4 x 4. Além de perder um tempo enorme até conseguir outro carro, encarecemos a viagem desnecessariamente por falta de planejamento.

Vivemos de imprevistos, mas quando estamos cientes disso não há desgaste e nem tempo perdido com discussões com a chefia sobre se vale ou não investir.

Viajamos para a fronteira do Brasil com a Colômbia para mostrar a entrada da droga nas aldeias indígenas. Lá descobrimos que em uma delas só conseguiríamos chegar de barco, mais de quatro horas de viagem pelo rio Solimões, que corta o estado do Amazonas. Dá para imaginar você no meio da selva, com a notícia passando na sua frente, e tendo que discutir se aquele gasto vale a pena?

Pois é, normalmente negligenciamos o planejamento. Não precisamos detalhar o orçamento, pois para isso há departamentos específicos. Mas se fizermos nosso trabalho de produção direito fica mais fácil negociar verbas para as empreitadas.

E quando o assunto é denúncia?

Bem melhor se fosse como eu falo,
em 11 de setembro nenhum prédio abalado
mundo sem guerra, muita paz na terra,
diferentes convivendo numa igual atmosfera
sem preconceito, sem botar defeito,
pois todos têm direitos
Rappin Hood, "RAP du bom"

Inquietação. Dossiê. Segredos. Sussurros. Adrenalina. Notícias que envolvem denúncias sempre fascinaram jornalistas. E é função da nossa atividade trazer à tona assuntos que por algum motivo estejam escondidos. Não defendemos, claro, o jornalismo "denuncista".

A área suscita questionamentos, sejam pessoais, éticos, jurídicos, de conflitos de interesses, enfim, é um campo perigoso, no qual precisamos escolher com muito cuidado cada passo.

Dados travestidos de informação podem macular imagens e minar inimigos. Muitas vezes, o jornalista se vê envolvido em uma briga que ele sequer sabe como começou. Denúncias, documentos sigilosos, informações de bastidores podem ser peças de uma boa história, mas podem estar contaminadas por interesses particulares e o repórter acaba trabalhando em prol deste ou daquele grupo.

Reportagem investigativa

Alguns teóricos defendem que o termo "reportagem investigativa" é redundante, já que toda reportagem denota investigação. Nós defendemos que o termo diz respeito ao tipo de reportagem que vai além do relato dos fatos e revela algo até então escondido.

É uma tarefa arriscada, semelhante ao ofício de um investigador, no sentido de levantamento de informações. Parte do trabalho é como um serviço de inteligência, ou seja, o cruzamento de dados. A outra parte é a constatação. Para isso, muitas vezes o jornalista se infiltra em locais extremamente perigosos e se envolve com pessoas à margem da lei.

Detentor de um nome rebuscado, o jornalismo investigativo é a "menina dos olhos" dos veículos de comunicação, em especial das emissoras de TV. Uma boa matéria, capaz de mostrar algo que se pretendia esconder, chama a atenção e prende o telespectador. Em geral, esse tipo de reportagem registra bons índices de audiência. Mas cabe aqui uma pergunta simples: o que é o jornalismo investigativo? Para responder, vamos voltar um pouco no tempo.

No final dos anos 1990, os repórteres Valmir Salaro e Robinson Cerântula, da TV Globo, fizeram uma matéria que foi, sem sombra de dúvida, um divisor de águas no jornalismo-denúncia. Com uma câmera escondida (equipamento até então raro nas emissoras de TV), os dois flagraram um fiscal da

Prefeitura de São Paulo extorquindo dinheiro de uma microempresária que tentava abrir uma academia de ginástica.

A reportagem foi apresentada no Jornal Nacional. E aparecia a imagem clara de algo que todos sabiam que acontecia, mas estava escondido: um agente público cobrando propina para não cumprir – ou até para cumprir – o que dizia a Lei. Para completar, logo após a exigência do dinheiro, um promotor de justiça, que acompanhava tudo do lado de fora, entra na sala e prende o fiscal em flagrante. Voz de prisão, um símbolo da corrupção algemado. O resultado não poderia ser outro. Foi tanta a repercussão que o caso inaugurou uma longa cobertura jornalística em todo o estado de São Paulo sobre a máfia dos fiscais.

Os jornalistas tinham "inaugurado" um novo estilo de reportagem. E a partir daí o jornalismo investigativo se tornou uma vedete. O bastidor dessa história é o seguinte: a microempresária, cansada de tanta corrupção, procurou jornalistas da emissora. Depois de uma cuidadosa apuração, os repórteres foram atrás de promotores paulistas de um recém-criado grupo que combatia o crime organizado. Por isso, no momento do flagrante da corrupção pelas lentes da TV Globo, lá estavam os promotores. Os profissionais descobriram algo de irregular e procuraram autoridades. É o repórter falando para o promotor: "Doutor, olha o que eu tenho...".

A evolução ou retrocesso

Com o passar dos tempos, inúmeras foram as reportagens que denunciaram irregularidades. Algumas brilhantes como a da máfia dos fiscais, outras nem tanto. O sucesso e a repercussão desse tipo de jornalismo levaram a uma espécie de "corrida do ouro". As televisões, os jornais impressos, as emissoras de rádio e até as revistas semanais se viam na obrigação de estampar o tal jornalismo investigativo.

Mas uma matéria investigativa pura precisa de tempo. Sem ele, o risco de errar ou de ser impreciso é muito grande. Mas nada disso importava. O que interessava a redações, editores e repórteres era o furo, a manchete. A solução para o impasse era simplificar as coisas. E, aos poucos, a frase do repórter mudou para uma pergunta: "Doutor, o que o senhor tem aí pra mim?"

Reportagem sobre investigações

Em meados de 2002, o jornalismo investigativo foi reduzido ao furo. Uma matéria exclusiva ganhava *status* de investigativa. E aqui não queremos diminuir o furo. Muito pelo contrário. O furo é a alma do bom jornalismo. O repórter que consegue noticiar um fato relevante em primeira mão está cumprindo seu papel com maestria. Mas o furo, a notícia de uma descoberta feita por um promotor ou policial é jornalismo investigativo? E ter acesso a um processo sigiloso e retirar dele uma escuta telefônica ou um extrato bancário? Desde quando nós, repórteres, investigamos processos ou inquéritos?

É comum o Ministério Público e a própria polícia vazarem para a imprensa informações de investigações que estão em curso. Por um lado essas instituições sabem que o discurso público pode gerar pressões sobre determinados setores da sociedade e em última análise colaborar para o surgimento de novas provas. Por outro, ao ganhar a atenção da mídia, as próprias instituições se fortalecem e passam a ter uma imagem positiva. A Polícia Federal, por exemplo, que até bem pouco tempo tinha uma imagem desgastada, hoje é uma instituição respeitada mesmo por aqueles que em um ou outro momento foram alvo de investigações. Inúmeros são os casos de operações federais retratadas

E quando o assunto é denúncia? 81

pela imprensa, às vezes com tamanho estardalhaço que não seria exagero dizer que houve uma espetacularização da notícia.

Além disso, o profissional à frente das investigações também colhe vantagens a partir do bom relacionamento com a imprensa. E por conta disso, outra distorção começou a ser percebida em meados do ano 2000. O legítimo "Doutor, olha o que eu tenho" foi perdendo sua espinha dorsal: a honestidade. Jornalistas passaram a tratar a notícia mal fundamentada como escândalo. Qualquer acusação, seja ela qual fosse, era levada para promotores de justiça. Integrantes do Ministério Público passaram a instaurar inquéritos (civis e criminais), a pedir mandados de busca e apreensão com um único objetivo: ganhar seus minutos em rede nacional.

As vantagens para o promotor vão muito além de fama. Basta dar uma olhada no Diário Oficial da Justiça para constatar quantos integrantes do Ministério Público recebem dispensa do trabalho para darem palestras Brasil afora. Palestras remuneradas, diga-se de passagem. A fama também abre portas para promotores e delegados nas universidades. Faculdades privadas perceberam que professores conhecidos (ou famosos) se tornam mais um atrativo na hora de ganhar o aluno.

E os repórteres? Ganharam fama em suas redações com matérias que, muitas vezes, não tinham o que o jornalismo puro considera uma boa reportagem: o poder de mudar alguma coisa. Foi assim que o imponente jornalismo investigativo caiu na vala comum.

Em princípio não há mal algum em receber informações privilegiadas. O importante é que o jornalista tenha consciência de que investigações em andamento são exatamente isso, ou seja, não há conclusão *a priori*, não há culpados. O problema é que após amplo espaço destinado à cobertura das investigações, costumamos dedicar pouco tempo para as conclusões do caso, mesmo em relação àqueles que geram maior repercussão. A prática cria uma distorção ao promover um julgamento antecipado na medida em que a divulgação dos fatos investigados colabora para a construção da opinião pública, e que vez ou outra está em desacordo com a resolução dos casos.

Vamos a um exemplo prático: o ex-prefeito paulistano Paulo Maluf. Investigados silenciosamente pela Polícia Federal, Maluf e familiares foram flagrados em escutas telefônicas comprometedoras. Extratos bancários vindos do exterior com suposta movimentação bancária de dinheiro desviado da Prefeitura de São Paulo aumentavam ainda mais a gravidade do episódio.

Com competência indiscutível, um repórter da TV Globo teve acesso em primeira mão às escutas e aos documentos. Todos queriam ver os extratos e ouvir a voz de Maluf em conversas comprometedoras. E isso foi visto na TV Globo. Jornalismo puro. Um furo que pode até ser chamado de rombo. Mas não era jornalismo investigativo por causa de um detalhe crucial. O repórter recebeu documentos sigilosos, não os descobriu.

Com o pedido da prisão de Maluf, veio outro episódio da cobertura que também foi chamado – erroneamente – de investigativo. Maluf se entregou no dia em que sua prisão fora decretada. Já o filho do ex-prefeito, Flávio Maluf, que também teve a ordem de prisão expedida, sumiu. Teve início uma longa negociação entre delegados e advogados para que ele se entregasse.

Flávio Maluf estava numa fazenda no interior de São Paulo. De helicóptero, encontrou os federais no heliponto de um flat. Entre os agentes, estava lá o repórter que entrevistou o filho de Maluf e gravou o momento em que ele foi algemado. A discussão na época girou em torno do fato de o repórter estar com roupa idêntica a dos agentes, que isso feria a ética etc., etc. Cada profissional sabe (ou deveria saber) o limite em busca da notícia ou de uma imagem. E cada um que arque com isso.

A roupa do repórter, a imagem exclusiva e a entrevista deram ao episódio o título de matéria investigativa. Outro erro. Foi, sim, um exemplo de jornalismo puro, de quem teve boas fontes que abriram portas sonhadas por qualquer jornalista. Um trabalho merecedor de elogios, mas não do título de investigativo. Porque, no caso, a pergunta do repórter foi: "Doutor, o que o senhor tem aí pra mim?".

A mídia como palco para as discussões sociais

De forma simplista, acabamos valorizando o trabalho da polícia e do Ministério Público em detrimento da Justiça e mais uma vez colaboramos para o fortalecimento de estereótipos, quais sejam, a polícia prende e a Justiça manda soltar. Boa parte da repulsa que hoje a sociedade tem em relação ao poder judiciário se deve à cobertura que a imprensa faz. Sem dúvida, há morosidade, os entraves burocráticos são enormes e o arcabouço judiciário é arcaico em muitos casos. Mas a cobertura jornalística centrada nas ações policiais é "míope" em um primeiro momento, não consegue enxergar e, por conseguinte, retratar a complexidade dos fatos. Em um segundo momento, o discurso midiático em nada colabora para a ampliação do debate sobre o sistema judiciário. A sociedade perde duas vezes: não entende por que tanta gente é denunciada e presa e por que essas pessoas não são condenadas.

No assassinato da menina Isabella Nardoni, por exemplo, muitas foram as especulações durante a cobertura. Alguns programas, autodenominados jornalísticos, por várias vezes condenaram o casal Alexandre Nardoni e Ana Carolina Jatobá. O juiz de direito Maurício Fossen, que decretou a prisão preventiva, explicitou no despacho que a decisão havia sido tomada em boa parte por pressão da imprensa:

> Crimes que ganham destaque na mídia podem comover multidões e provocar, de certo modo, abalo à credibilidade da Justiça e do sistema penal. Não se pode, naturalmente, considerar que as publicações na imprensa sirvam de base exclusiva para a decretação da prisão preventiva. Entretanto, não menos verdadeiro é o fato de que o abalo emocional pode dissipar-se pela sociedade, quando o agente ou a vítima é pessoa conhecida, fazendo com que os olhos se voltem ao destino dado ao autor do crime. Nesse aspecto, a decretação da prisão preventiva pode ser uma necessidade para a garantia da ordem pública, pois se aguarda uma providência do Judiciário como reposta a um delito grave.

As emissoras buscaram informações privilegiadas e novidades. Excessos por parte da imprensa foram cometidos, como o tom sensacionalista e informações repetidas a exaustão. Algumas emissoras chegaram a utilizar bonecas de brinquedo para simular a queda da garota. E quando se trata de telejornalismo, os exageros ganham uma dimensão ainda maior. É bom que se diga que a polícia e o promotor público investigam, mas não têm poder de punição. Isso cabe à Justiça. Portanto, é imprescindível explicarmos para o telespectador todos os passos, sermos até didáticos.

O que queremos é chamar a sua atenção para os cuidados no fazer jornalístico. No afã de divulgar a notícia, não nos damos conta dos resultados das nossas ações. Não é à toa que diversos setores da sociedade reclamam da enxurrada de dossiês, escutas telefônicas, documentos sigilosos veiculados pela imprensa. São comuns reportagens baseadas muito mais em suposições do que em fatos concretos.

E quando o assunto é denúncia? 85

De maneira geral, nós, jornalistas, construímos boas fontes junto ao Ministério Público e a polícia, mas temos certa dificuldade com o Poder Judiciário. A falta de diálogo com este último e a própria falta de conhecimento dos trâmites judiciais são dois desafios importantes a serem superados por aqueles que querem fazer jornalismo que envolva casos policiais.

Antes de seguir, quero voltar à distinção entre dois conceitos que normalmente se confundem: interesse público e interesse do público.

A premissa básica é a distinção entre o que é da esfera pública e o que é de caráter privado, ou seja, ações que interferem na vida das pessoas, da comunidade, *versus* ações que dizem respeito única e exclusivamente a uma determinada pessoa. Em alguns momentos, essas questões estão interconectadas, como no caso envolvendo o ex-presidente do Congresso, Renan Calheiros, e a jornalista Mônica Veloso.

O fato de o senador ter uma amante é de caráter privado, diz respeito a ele a ao núcleo familiar dos envolvidos. Ao levantar-se a suspeita de que Renan Calheiros pagava uma espécie de pensão com dinheiro público, porém, o assunto ganhou outra dimensão. Nesse caso, a conduta pessoal do senador interfere nos interesses da sociedade, já que o dinheiro público vem dos impostos que pagamos.

É triste dizer isso, mas a notícia sobre a relação extraconjugal chamou mais a atenção da sociedade do que a suspeita de desvio de dinheiro público. No entanto, a relação amorosa pode ser um assunto de interesse do público, mas não é de interesse público.

Quando essa inversão de valores acontece, as chances da cobertura jornalística descambar para o sensacionalismo ou para o "showjornalismo" cresce exponencialmente. No caso de denúncias, as implicações podem ser desastrosas. Há histórias de reputações difamadas pelos jornalistas, mesmo quando a culpabilidade do acusado não se confirma depois. O estrago já foi feito e custa caro, não só para a pessoa que se sente atingida pela mídia, mas para o próprio jornalista.

Existe hoje o que chamamos nas redações de "indústria do processo". A terminologia cabe perfeitamente quando olhamos para os números. Em 1993, havia no Superior Tribunal de Justiça 28 processos relativos a indenizações por danos morais ou materiais. Doze anos depois, em 2005, o número saltou para 10.008.

Parte dos processos é reflexo da conscientização da população sobre os próprios direitos e mostra que há maior atenção sobre os deslizes e erros da imprensa. Outra parte, sem dúvida, é uma tentativa de fazer alguns jornalistas se calarem. Alguns veículos de mídia defendem os profissionais na área cível, mas não na área criminal. Isso significa que o jornalista precisa tirar do próprio bolso os honorários dos advogados, caso sofra um processo.

Se a primeira regra é tratarmos daquilo que é interesse público, a segunda é ter tudo comprovado em casos de denúncia. Reúna documentos, grave todos os depoimentos. Não faça suposições, não atribua culpa. Trate os envolvidos como suspeitos. Isso elimina o risco? Não, mas dificulta o processo ou pelo menos desanima aqueles que veem na Justiça apenas uma forma de intimidação.

Proposta de um novo modelo

> *Você pode até dizer que eu tô por fora*
> *ou então que eu tô inventando*
> *mas é você que ama o passado e que não vê.*
> Belchior, "Como nossos pais"

Basta uma câmera escondida para se fazer uma reportagem investigativa? Essa noção parece vigorar entre alguns profissionais. Mas o modelo de jornalismo investigativo não evoluiu, perdendo ainda o rumo e a essência. Qual a solução? Mudar. Não mais o "Doutor, olha o que eu tenho", muito menos o "Doutor, o que o senhor tem aí pra mim?"

O novo modelo de jornalismo investigativo deve ser assim: "O doutor que tome uma providência. Ele que assista (ou leia) a reportagem e cumpra seu papel." É isso que se espera do jornalismo moderno. Repórteres que vivem nas ruas – e esse é o lugar deles – têm condições de descobrir fatos relevantes. A partir daí é colocar a tropa em ação: repórteres e produtores com suas câmeras escondidas, o pessoal de redação para o levantamento de dados que fundamentem a importância da pauta e editores que participam desde o início do processo de produção da reportagem.

Vamos ao exemplo. Numa conversa com uma pessoa ligada ao mercado da pirataria, descobrimos que nas cidades brasileiras de Nova Serrana (MG) e Apucarana (PR) havia grandes fabricantes de mercadoria falsificada. Tênis na cidade mineira e roupas e bonés no Paraná. A partir daí, o trabalho foi o de pegar a estrada, entrar nas fábricas com câmera escondida, gravar os chefes do esquema, mostrar a falta de policiamento e colocar no ar.

A presença de uma autoridade na reportagem é dispensável do ponto de vista jornalístico. Se uma equipe de TV consegue descobrir em dez dias onde funciona e quem são os chefes de um esquema de pirataria, por que promotores e policiais não conseguem? A função do agente público é dele. Não cabe mais ao jornalista pegar o promotor ou o delegado pela mão e levá-lo até onde ele deveria estar. Cada um com a sua tarefa.

Feita a reportagem, aí sim, chegou a hora de procurar as autoridades. Mas não para entregar endereços e nomes, nem tampouco fazer o papel de dedo-duro. A frase e a pergunta do repórter para a autoridade são novas: "Doutor, nós descobrimos isso. E o senhor, o que tem feito?"

Caminhar sozinho – sem promotores ou delegados – aumenta, sem dúvida, o risco e a responsabilidade para nós, jornalistas. Mas também resgata o prazer de fazer comunicação social para o bem de quem nos assiste nas casas e não nos gabinetes. Apenas assim o jornalismo investigativo pode sobreviver.

A reportagem especial transcrita a seguir é a primeira da série "Pirataria *made in Brazil*", finalista do Prêmio Esso 2008.

CABEÇA: QUATRO EM CADA DEZ BRASILEIROS USAM PRODUTO PIRATA, SEGUNDO O MINISTÉRIO DA JUSTIÇA./ TODOS

NÓS PERDEMOS COM O CRIME./ IMPOSTOS DEIXAM DE SER ARRECADADOS E MILHÕES DE EMPREGOS DEIXAM DE SER CRIADOS./ MÁFIAS DA FALSIFICAÇÃO ESTÃO PRESENTES EM QUASE TODOS OS SETORES DA ECONOMIA./ MAS EM APUCARANA, NO PARANÁ, A AÇÃO DOS BANDIDOS SURPREENDE./ ELES DOMINAM O MAIOR NEGÓCIO DA CIDADE./ É O QUE REVELAM OS REPÓRTERES FABIO DIAMANTE E THIAGO BRUNIERA NA PRIMEIRA REPORTAGEM DA SÉRIE SOBRE PIRATARIA./

{povo fala / Apucarana}

Microcâmera: "É o orgulho da cidade, é muito importante esses boné aí."

{sobe som}

Off: O acessório está na cabeça da maioria dos moradores de Apucarana, cidade de 118 mil habitantes, no norte do Paraná./ 80% da produção nacional sai daqui./ Mais de 130 mil bonés por dia./

{sobe som}

Off: Tem boné até no ponto de ônibus./

Passagem: Mas por trás do orgulho da cidade, descobrimos um grande esquema de falsificação./ Parte das fábricas de Apucarana faz da pirataria a principal atividade.// E com uma característica, aqui os produtores investem na qualidade para fazer com que o consumidor acredite que está comprando um produto original./

Off: Uma rápida volta pela cidade e encontramos o primeiro local suspeito./Apenas uma das portas está entreaberta para esconder o que acontece lá dentro./

Microcâmera: "A produção é uma média de 40, 50 mil peças por mês."

Off: Nas mesas, partes dos bonés que recebem as marcas.

Microcâmera: "A gente divide em 12 até 15 marcas, entendeu, coloca Quicksilver, Billabong, Nicoboco, Everlast, Ecko, Diesel, divide em várias marcas."

Off: Os funcionários da fábrica pirata trabalham sem camisa./ O calor vem de uma máquina que seca a tinta em segundos./

{sobe som / máquinas}

Microcâmera: "Quantos graus tem aí? Ah é quente, viu."

Off: Aqui é feita apenas a primeira etapa da falsificação, que abastece a principal rua de comércio popular do país, em São Paulo./

Microcâmera: "O cara que manda boné aqui pra gente entrega lá no Brás e na 25 (de Março)."

Off: O homem liga para o dono da fábrica que costura os bonés./ Pra chegar até ele, marcamos um encontro num posto de combustível./ Um motoqueiro nos leva até lá./ Na entrada do grande galpão, o esquema de segurança./ A porta só abre com senha./ Na primeira sala encontramos o depósito com centenas de bonés falsificados./

Microcâmera: "Aqui nós fazemos vários tipos de boné, boné de tela, boné com brim só, faz quepe, faz chapéu."; "Você faz qualquer marca?" "Qualquer marca."

Off: Cada pacote com doze bonés falsos é vendido por 54 reais./

Microcâmera: "Adidas sai, Adidas, Nike, Mormai, Billabong, Onbongo, Volcon, Everlast, Levi's, todas marcas que tem sai tudo aqui."

Off: Pra convencer o comprador, até a etiqueta de papel que garantiria a procedência é fajuta./

Microcâmera: "E essa etiqueta aqui? Aí fica como um boné original."

Off: Segundo o gerente, a etiqueta é feita em gráficas da cidade./ Mas ninguém revela o endereço./

Microcâmera: "Por telefone não adianta nem você ligar que eles não atendem. Nós mesmo que compramos dele há muito tempo, por telefone eles não mandam nada."

Repórter: "Por quê?"

Microcâmera: "É pirata, né?"

Off: A máfia da falsificação também cuida do transporte, considerado a fase mais delicada do esquema./ A fiscalização é grande mas a corrupção policial diminui o risco do negócio./

Microcâmera: "Você vai ter que combinar o que você vai pagar para o cara."

Repórter: "Tem esquema, né?"

Microcâmera: "Esquema tem.// Brasil você já viu."

Off: O dono de outra fábrica revela o valor da propina.

Microcâmera: "Tem uma cliente minha que o acerto dela foi R$ 60 mil."

Off: Amanhã você vai conhecer o guarda-roupa completo da pirataria./

Microcâmera: "Apucarana é foda, Apucarana vive de pirataria. Tem 30 mil empregos aqui que vive de pirataria desde boné até meias, até cueca."

Câmera escondida

Ao ler a reportagem, alguém tem dúvida de que não havia outra forma de mostrar a pirataria senão com o uso da microcâmera?

Poderíamos produzir uma reportagem mostrando os tênis piratas vendidos na rua 25 de Março, mas queríamos ir além da simples constatação. Ir direto aos fabricantes, revelar como os produtos são confeccionados, como são distribuídos. E mais, como é possível fazer tudo isso sem que as autoridades competentes tenham conhecimento. E, se sabem, por que não combatem o crime direto na fonte?

O jeito era ir para a cidade e mostrar como funcionava a pirataria. Optamos por um veículo sem identificação para que pudéssemos trabalhar sem sermos reconhecidos. Outra coisa: fábrica pirata não se acha na lista telefônica ou na internet. A produção teria que ser feita toda no local.

Quem acompanha os telejornais percebe que o uso da câmera escondida é uma prática cada vez mais usual. Muitos são contra. O jornalista Ricardo Noblat, no livro *A arte de fazer um jornal diário*, critica a emissoras de televisão que, segundo ele, apelam para o uso de câmeras e gravadores escondidos.

> O jornalista não está dispensado de respeitar a Constituição e as leis do país. Não tem mandato conferido por ninguém para atuar no arrepio de códigos e normas socialmente aceitas. A denúncia de um ato criminoso não justifica a prática criminosa.[1]

O uso de microcâmera não é uma técnica nova, mas suscita discussões acaloradas. Concordamos que não estamos acima da lei, mas defendemos o uso dessa ferramenta a partir de dois princípios básicos: primeiro, a informação deve ser de interesse público; segundo, caso seja o único recurso para conseguir a reportagem. Por exemplo, quando um crime está sendo cometido, mas a prova só pode ser conseguida por uma câmera escondida.

No caso da série sobre pirataria, sabíamos que algumas empresas em Nova Serrana e Apucarana produziam materiais piratas, mas seria impossível flagrarmos o passo a passo do esquema. Ou alguém imagina que se uma equipe de reportagem bater na porta de uma dessas indústrias para mostrar a produção, os empresários-criminosos permitiriam? Resumindo, o dilema é: usar o recurso e revelar um esquema irregular ou guardar a informação. Para nós, isso sim, seria prestar um desserviço à população.

Como mostraríamos a cara de pau dos empresários? E algo é mais revelador do que o próprio criminoso mostrando o crime? Portanto, os casos devem sempre ser analisados não de forma generalista, mas pontualmente. Não se trata de defender a premissa de que "os fins justificam os meios" e nem forjar situações, mas de usar conscientemente uma ferramenta.

Se a Constituição no artigo 5º, inciso xiv, assegura a todos o acesso à informação, se o jornalista tem como patrão o cidadão, se a notícia é de interesse público e não há outra forma de revelar o fato, para nós é justificável usarmos microcâmera. Da mesma forma, o jornalista tem a prerrogativa de não revelar a própria identidade, seja para conseguir a informação, seja para não se expor a riscos.

Na fronteira da lei

Outro ponto relevante é quando o jornalista fica no limite da lei. Até onde podemos ir em uma matéria investigativa? O bom-senso deve ser sempre o norte de uma equipe envolvida numa matéria especial.

Em uma série de reportagens na fronteira do Brasil com a Colômbia, pretendíamos mostrar a liberdade do tráfico de cocaína. A droga produzida no vizinho entra com facilidade em nosso país. Pra isso precisávamos apresentar os pontos de venda na cidade colombiana Letícia, vizinha da brasileira e desorganizada Tabatinga.

Com uma câmera escondida, atravessamos a fronteira e chegamos (com a ajuda de um mototáxi) a uma mercearia controlada por um ex-guerrilheiro. Na conversa, durante a compra da cocaína, ele deu detalhes da obrigatoriedade de comprar a droga das Forças Armadas Revolucionárias da Colômbia, as Farc. Gravamos a compra da cocaína, voltamos para o Brasil e ela foi jogada no vaso sanitário. Tudo devidamente gravado, sem cortes, no caso de alguma autoridade questionar o destino dos entorpecentes.

Foi uma matéria muito arriscada, sem dúvida. Mas a equipe envolvida tinha o controle da situação e sabia do alto risco. Nosso papel de mostrar um problema grave, que nossas autoridades parecem querer esconder, foi cumprido.

Aos olhos dos homens da Justiça, cometemos um crime. Para o promotor José Reinaldo Guimarães Carneiro, integrante do Ministério Público paulista há vinte anos (boa parte no combate ao crime organizado), nenhuma lei no país dá ao jornalista o direito de comprar e transportar cocaína sem ser enquadrado no crime de tráfico. "O repórter deve parar no momento em que ele terá de interagir com o grupo criminoso. Nessa hora ele deve estar acompanhado de um agente púbico. Este sim, autorizado pelo Judiciário, pode cumprir esse papel."

O promotor José Carlos Blat entende que o repórter pode ir até o "ato preparatório". "É um risco desnecessário pelo qual o jornalista passa. Ele não pode interferir na relação criminosa. Deve ser um mero espectador", diz Blat. Promotor desde 1993 na área criminal, ele explica que a ausência da intenção de cometer o crime e o estrito cumprimento do dever de informar podem diminuir a chance de o repórter ser condenado num processo. "Mas não há garantia."

Esse é o entendimento da grande maioria dos promotores, juízes e delegados, segundo os integrantes do Ministério Público. "O limite do jornalista é o do cidadão comum", foi a frase dita pelos dois promotores. Ainda citando o exemplo da reportagem sobre a compra da cocaína na Colômbia, o promotor Carneiro entende que a equipe correu alto risco de ser detida. "Se alguém fosse pego pelas autoridades colombianas, certamente estaria preso e cumprindo pena". O risco, segundo ele, diminui em território brasileiro. Nesse caso, para o promotor, existe uma chance de que a autoridade do nosso país leve em consideração o fato de se tratar de uma matéria jornalística. "Aí entra o bom-senso também." Seguir a orientação dos promotores pode garantir ao repórter uma diminuição do risco, sem dúvida. Mas cabe aqui uma última pergunta: E quando o jornalista sabe que agentes públicos dão guarida para o esquema criminoso? A melhor resposta continua sendo o bom-senso. Avaliar e assumir o risco e, principalmente, avaliar e assumir o risco de confiar em um agente público.

O repórter sem rosto

O jornalismo se faz com observação, curiosidade, um pouco de sorte e muitas vezes anonimato.

O repórter Thiago Bruniera conta:

Era por volta de meio-dia. Todos os jornalistas estavam com seus bloquinhos, gravadores, microfones a postos quando uma senhora, de mais ou menos 70 anos, entrou no 16º DP, na zona sul de São Paulo.

A maioria não deu atenção. Espalhados na entrada do distrito policial, os jornalistas aguardavam a quase sempre atrasada entrevista com o delegado. O caso envolvia um senhor de alto poder aquisitivo baleado após sair com um pacote de dinheiro de dentro de um shopping paulista. Portanto, a senhora não tinha relação alguma com o caso em questão.

Enquanto batíamos papo, percebi que a tal velhinha de cabelos bem brancos e bengala segurava uma nota de 50 reais na mão direita. Ficou claro que ela queria ser orientada ou atendida por um daqueles policiais de plantão. Cinco, dez, quinze minutos depois ela ainda aguardava. Aproximei-me o suficiente para ouvir a conversa.

Um tanto sem paciência e deslumbrado com aquela aglomeração de profissionais da imprensa a poucos metros dele, um policial chamou a idosa:

— Pois não, senhora.

— Por favor, eu sou comerciante aqui da região e passaram essa nota de 50 reais na minha loja. Na hora eu não percebi, mas é falsa, né? Ela é até menor que as outras.

— É, minha senhora, com certeza é falsa, e das bem vagabundas – respondeu o policial, já com uma preguiça evidente.

— E o que eu faço com ela (a nota falsa)? Quero entregar para a polícia. Quem sabe ajudo de alguma forma a pegar esse safado.

Até este momento, tudo bem. Mas aí o policial dá a resposta mais indecente, pra dizer o mínimo possível.

— Então, Dona, quer saber de uma coisa... Se eu fosse a senhora dava uma dobradinha nessa nota e passava ela para frente, numa padaria, sei lá. Porque eu não tenho muito o que fazer. Se eu pegar esse dinheiro, vou ter que providenciar um boletim de ocorrência, encaminhar para a perícia (análise técnica no Instituto de Criminalista de São Paulo)... É muito trabalho para não dar em nada. Ninguém vai investigar de verdade e muito menos prender o cidadão que enganou a senhora. Ou passa para frente ou assimila o prejuízo. Fica a seu critério.

Pronto, eis aí a matéria. Um retrato fiel do descalabro com que a lei é tratada. Um funcionário público, profissional de polícia, com a obrigação de combater a criminalidade, orienta uma cidadã com as melhores intenções a cometer outro crime.

O policial conduz a conversa como se estivesse prestando um favor à senhora e não deixando de cumprir a própria obrigação. Ele deveria ter apreendido a nota falsa, configurado um boletim de ocorrência e encaminhado a nota para a perícia. Afinal é pago para isso.

Tínhamos uma história saborosa nas mãos, mas ainda era preciso discutir como transformá-la em uma reportagem para a televisão, já que a conversa não havia sido gravada e nem havia imagem daquela senhora. Outra questão era não singularizar o caso. Será que o atendimento incorreto prestado pelo policial era um fato isolado? Será que naquele dia ele tinha acordado com o pé esquerdo? Será que não foi mera coincidência?

Para responder a essas perguntas, a melhor maneira era percorrermos diversos distritos policiais, tentar identificar um modo de operação comum.

Conta Thiago: "Decidimos conseguir uma nota falsa e fazer exatamente o que aquela senhora fez. E no dia seguinte lá fui eu, com uma nota de 50 reais falsa, entregar nas delegacias."

Dez distritos policiais foram visitados e em nenhum deles os policiais quiseram receber a nota falsa e, pior, alguns também sugeriram que a nota fosse passada para a frente. O departamento responsável pelas delegacias da capital paulista não teve outra alternativa senão solicitar para a Corregedoria a abertura de inquérito contra os funcionários.

Imagine essa mesma reportagem sendo feita por um repórter que todo dia tem o rosto na televisão. A chance de ser reconhecido na primeira delegacia seria grande, não? Em situações em que o repórter precisa passar despercebido, como quem não quer nada, um rosto conhecido pode atrapalhar. Muitas pessoas mudam de comportamento quando percebem que estão sendo analisadas por um jornalista, ainda mais se "devem na praça".

O repórter sem rosto é o profissional que mais transita no limite do risco e por isso mesmo tem sempre um companheiro inseparável ao lado: o medo. Quem não tem, ainda não está pronto para tal função. É esse sentimento que nos faz ter limites, que nos deixa mais espertos, ligados em tudo o que acontece à nossa volta. É ele que nos lembra da microcâmera instalada. É o medo que faz com que você maneire nas perguntas, disfarce um pouco, e retome o assunto proibido. É graças a ele que tudo é ponderado. E é novamente ele que causa a desistência, o abandono da pauta. Portanto, é bom ter medo. Mesmo porque nada é mais importante do que a integridade do profissional. Repórter sem rosto também tem família esperando em casa.

Nada como uma boa matéria para ilustrar: Tabatinga, Amazonas. Ao norte da cidade, do outro lado do rio Solimões, a fronteira com o Peru. Ao leste, o Brasil acaba, e começa a Colômbia. Foi essa a cidade, embrenhada no meio da floresta amazônica, cenário para uma das matérias mais desafiantes já produzidas por nós. O tema: trafico de cocaína. Lógico, a cidade faz fronteira com os dois maiores produtores da droga no mundo.

Tudo era difícil por ali. Para chegar até a cidade foi um parto. Era longe de São Paulo, os voos eram raros. A acomodação, o transporte, o clima, tudo muito ruim. Tivemos que bater de porta em porta à procura de alguém que topasse alugar um carro para nossa equipe. Até aqui dificuldades chatas, mas fáceis de resolver. O problema era outro. Sabíamos que a cidade era dominada pelo tráfico em função da proximidade com a Colômbia, e pior, tudo orquestrado pelas Forças Armadas Revolucionárias da Colômbia, as Farc.

Poucos dias antes de nossa chegada, a região tinha virado notícia porque o delegado da Polícia Federal havia dado uma declaração infeliz, dizendo que "em Tabatinga quem ainda não traficou, vai traficar". Claro que foi exagero, mas é fato que o comércio de droga ali é coisa feia. Era visível, escancarado. Todos sabiam, todos presenciavam, poucos agiam.

Primeiro dia. Decidimos fazer um reconhecimento da cidade. Queríamos entender qual a dinâmica daquele povo, o que fazia, onde o movimento era mais suspeito etc. Tudo isso é importante, pois qualquer passo em falso nos levaria de volta para casa. E nesse caso o chefe nos mataria e o setor administrativo também. Só estar ali era custoso.

De imediato, deu para perceber que a cidade era uma bagunça. O trânsito, composto basicamente por motocicletas, era caótico. Capacetes, placas, calçadas, pouco se viam. E não era para menos, na cidade não há departamento que regulamente o trânsito ou qualquer fiscal. Ficou claro também que a juventude não tinha opção de lazer. Para eles, somente botecos e barracas no meio da rua vendendo todo tipo de álcool. Resultado: bares lotados e gente alterada para todos os lados. Terreno fértil para nós. Encostamos em uma barraca. Inventamos uma conversa de viciados e começamos pelo garçom a pesquisa de campo. Uma dica: garçom é sempre boa fonte. Eles são, em geral, simpáticos, faladores e não gostam de deixar o cliente sem resposta.

Em uma semana, reunimos material para cinco reportagens especiais de cerca de cinco minutos cada. A série "Cocaína na fronteira" conquistou o Prêmio Embratel 2008.

A seguir, a primeira reportagem:

CABEÇA: A PARTIR DE HOJE O SBT BRASIL MOSTRA COMO CHEGA AO PAÍS A COCAÍNA DAS FARC, AS FORÇAS ARMADAS REVOLUCIONÁRIAS DA COLÔMBIA./ OS REPÓRTERES THIAGO BRUNIERA E FABIO DIAMANTE FORAM VER DE PERTO COMO É VULNERÁVEL O TERRITÓRIO BRASILEIRO NO MEIO DA SELVA./ UMA DAS PORTAS DE ENTRADA DA DROGA É TABATINGA, NA

FRONTEIRA COM A COLÔMBIA E O PERU./ UM EX-GUERRI-LHEIRO REVELA: NAQUELA REGIÃO O TRAFICANTE QUE NÃO COMPRAR DROGA DAS FARC MORRE.//

Off: Dez da noite em Tabatinga./ Uma cidade encravada na floresta amazônica e com uma vizinhança perigosa./ Aqui, acaba o Brasil./ De um lado, Letícia, na Colômbia./ Do outro, o Peru./ Dois países campeões na produção de cocaína./ E pra chegar até a droga, não é preciso ir muito longe./ Em barracas espalhadas pelo centro, conseguimos uma pista./

Repórter: "Tem alguma indicação?"

Microcâmera: "Quem, eu?"

Microcâmera: "Esse mototáxi manja, né?"

Mototáxi.

Off: Na cidade das motos, eles tomam conta das ruas./ Qualquer um conhece o caminho./

Repórter: "Você não sabe onde arruma aí uma boa?"//

Microcâmera: "É pó é?"

"Pó bom né." //

"Lá no São Francisco tem um cara."//

Repórter: "Você me leva lá que já tá bom."

Microcâmera: "Bora lá."

Repórter: "É longe?"

Microcâmera: "É lá no São Francisco, mano."

Repórter: "O que é isso?"

Microcâmera: "Lá perto da fronteira."

Off: Subimos na garupa do mototaxista de número um sete um./ No uniforme, o lema do serviço: trabalhamos com seriedade./

{sobe som da moto}

Off: O trajeto dura menos de cinco minutos./ Na porta de uma casa na periferia da cidade uma pessoa acompanha o movimento./ O negócio é fechado no meio da escuridão e com pressa./

Repórter: "5 (papelotes)"?

Microcâmera: "Pode ser. Aqui, aqui, aqui, esse negócio tem que ser rápido."

Off: O traficante busca a droga dentro da casa./"

Repórter: "Esse pó vem da onde?"

Microcâmera: "Colômbia."

Repórter: "Das Farc?"

Microcâmera: "Hum hum."

Repórter: "É puro?"

Microcâmera: "É puro, não é misturado, não."

Off: Voltamos para o centro da cidade e partimos para outro ponto de venda da cocaína./ Só que desta vez, em território colombiano./

{sobe som / moto}

Off: Chegamos em outra casa e o mototaxista revela onde estamos./

Repórter: "Aqui é o quê? Aqui. Essa cidade aqui?"

Microcâmera: "Letícia."

Off: "Quem comanda o ponto é uma mulher./"

Repórter: "Quanto?"

Microcâmera: "Quanto você quiser."

Repórter: "Quanto eu quiser?"// "Pega lá 4 (papelotes) pra mim."// "Quer o dinheiro?"

Microcâmera: "Hum hum."

Repórter: "Quanto é 4?"

Microcâmera: "R$ 20."//

Off: "A cocaína é entregue."/

{sobe som com imagem da cocaína}

Repórter: "Se eu quiser mais depois posso voltar?"

Microcâmera: "Não, vai encerrar agora."

Repórter: "Amanhã. Que horas?"

Microcâmera: "Qualquer hora."

Off: "Na Colômbia também se vende o crack, que aqui é conhecido por outro nome."/

Repórter: "O que eu acho aqui mais?"//

Microcâmera: "Base."

Repórter: "Base?"

Microcâmera: "É."

Repórter: "O que é isso? Pra cheirar?"

Microcâmera: "Não, fuma."

{passagem}

A fronteira do Brasil é um território livre para o crime. Do lado de lá do rio Solimões está o Peru. Com um barco, qualquer pessoa vem pra cá sem dar nenhuma satisfação do que está trazendo.

Na fronteira com a Colômbia, a mesma bagunça. Pessoas de carro, moto ou a pé passam sem nenhuma fiscalização. Mas com um agravante: a poucos metros daqui, encontramos homens ligados às Forças Armadas Revolucionárias da Colômbia, as Farc. Eles são os responsáveis pela venda da cocaína, que passa pelo Brasil e é distribuída no mundo inteiro.

{sobe som / cocaína}

Off: Entramos novamente na Colômbia, só que agora de dia./ Pra isso, é preciso parar e pegar um acessório que não é exigido dos motociclistas em Tabatinga./

Microcâmera: "Aluguel de capacete."

Off: Cinquenta centavos./ É o preço pra cumprir a lei no país vizinho./

{sobe som}

Off: Em minutos, chegamos numa mercearia, só que de mentira./ O que se vende aqui é cocaína pura, chamada pelos colombianos de brilho.//

Repórter: "Tem um brilhinho aí?"

Microcâmera: "Quantos quilos?"

Repórter: "Quantos quilos?"

Microcâmera: "É, aqui é quilo."

Off: "O traficante nos convida para entrar"./

Microcâmera: "Entra".//

{sobe som}

Off: Segundo ele, o tráfico já se instalou no lado brasileiro./

Microcâmera: "Tabatinga mata muito."

Repórter: "Como assim?"

Microcâmera: "Muita morte. Traficante quer matar o povo. Não é assim. O traficante deve amar o povo."

Off: E revela sua ligação com a guerrilha./

Microcâmera: "Eu adoro Pablo Escobar, Pablo Escobar foi o rei da cocaína."

Repórter: "Você já foi da guerrilha?"

Microcâmera: "Muito tempo. Eu não quero mais. Olha o Pablo Escobar. Foi o maior traficante da Colômbia. Teve pedida a extradição pelos Estados Unidos. Morreu porque se matou antes de se entregar para os Estados Unidos.// Ele preferiu a morte aqui e não ficar preso lá."

Off: O ex-guerrilheiro garante a pureza e a origem da cocaína./

Microcâmera: "Só que o senhor tem que peneirar ela.//100% pura."

Repórter: "Das Farc?"

Microcâmera: "Das Farc..."

Repórter: "É deles?//"

Microcâmera: "Obrigatoriamente o cara tem que comprar, todo mundo tem que comprar pra eles, se não comprar deles tu morre, os cara te corta a cabeça, arranca a pele da cara. Se tu encontrar o cara assim é porque foram eles."

Repórter: "Os guerrilheiros?"

Microcâmera: "Hum, hum."// "Só isso. Eles arrancam."

Off: Na saída, a dica pra não ser pego pela polícia./

Microcâmera: "Faz um favor grande pra mim? A droga não carrega no teu bolso."

Repórter: "Carrego aonde?"

Microcâmera "A polícia chega e pum. Carrega no ovo. Quando eu ando na rua meto no c./ Eu amarro bem e ponho no c. Aí tô na minha."

{sobe som}

Off: Em Tabatinga, procuramos a Polícia Federal./ O delegado se recusou a falar sobre o tráfico na região./ No mesmo dia, foi ele quem precisou da nossa ajuda: pra empurrar o carro da polícia, que quebrou no meio da rua.../

{sobe final}

Repórter justiceiro

Devemos revelar a identidade das pessoas que estão sendo gravadas sem saber? Nessas situações, a pessoa diz coisas que não falaria abertamente. Quando a câmera está apontada para o rosto, de maneira geral, o entrevistado pensa não só na maneira de falar, mas principalmente no que vai falar. Portanto, gravar é uma coisa, veicular é outro passo.

Partimos do princípio de que se a pessoa foi gravada em "flagrante delito", ou seja, no ato do crime, ou se é a dona do negócio, um diretor ou um gerente da empresa, que tem não apenas o conhecimento pleno do esquema irregular, mas participa efetivamente do funcionamento com poder de decisão, não há motivos para não revelarmos a identidade dela.

De uns tempos para cá surgiu nas redações o termo "repórter justiceiro" para definir pejorativamente os profissionais que produzem matérias de denúncia e querem mostrar o rosto dos envolvidos no fato. Na verdade, para quem está na rua correndo riscos, revelar a identidade das pessoas envolvidas na reportagem é, de certa forma, uma recompensa pelo trabalho. Desmascarar um esquema fraudulento e nomear os autores do crime dá uma sensação de tarefa cumprida. É preciso entender as subjetividades da profissão e procurar o equilíbrio entre o que é legítimo, o que é permitido pela lei e o que é menos arriscado, no sentido de diminuir as chances de um processo. Por incrível que pareça, mesmo que a pessoa esteja cometendo um delito, o fato de ter sido gravada sem conhecimento prévio permite que ela entre na justiça contra o profissional e o veículo. E por mais que sejam absurdos os argumentos dos advogados de defesa, não raro ganham a causa.

Certa vez fizemos uma reportagem sobre pistoleiros em Belém do Pará e entrevistamos um matador. O homem contava como planejava os assassinatos, de que modo agia, quanto ganhava por cada "trabalho" encomendado. Tudo isso com o equipamento normal. E em nenhum momento ele pediu para não ser identificado. Ainda assim, a defesa alegou que o homem tinha distúrbios mentais e que o repórter mentiu sobre as intenções dele. De fato, o repórter não disse que estava fazendo uma matéria sobre a pistolagem no estado. Depois que a matéria foi veiculada, o repórter passou a receber ameaças de morte e acabou processado, acreditem, pelo pistoleiro.

O relacionamento com fontes

Para levantar as próprias reportagens é preciso, antes de mais nada, cultivar boas fontes. Elas podem dar dicas, ajudar a traçar dados, fornecer documentos sigilosos e informações em primeira mão.

Mas atenção: fonte não tem que ser honesta, tem é que ter informação. A responsabilidade de checar a história é exclusivamente sua. Se acertou, parabéns. Se errou, assuma. Nada de justificar o erro dizendo que a fonte passou a informação incorreta ou incompleta. Foi você que acreditou nela, que não checou a história com outras fontes, que não percebeu interesses escusos por trás da informação repassada, enfim, você que escolheu esse caminho. Use o *off* como uma pista. Lembre que o que parece ser, não necessariamente é.

No telejornalismo, poucas vezes colocamos no ar informações em *off*, mas acontece, principalmente na cobertura política ou em casos de muita repercussão, em que a busca pela novidade, pela informação exclusiva é mais gritante. Por outro lado, nas reportagens investigativas, a fonte é uma ferramenta importante.

A não identificação da fonte é um direito assegurado ao jornalista pela Constituição. Isso, no entanto, não nos permite atribuir toda e qualquer informação a fontes que não queiram se revelar. Quantas vezes cometemos erros e manchamos a imagem de uma pessoa por conta de informações em *off*?

Muito cuidado, pois é raro a informação ser repassada ao jornalista sem interesse algum. Pode ser pela chance de destruir ou pelo menos causar um estrago grande na reputação de um inimigo, pode ser por interesses econômicos, pode ser apenas um afago no próprio ego, ou ainda o senso do dever cívico, enfim, há uma infinidade de motivos. Não nos cabe fazer aqui um juízo de valor sobre a legitimidade de tal interesse, apenas dizer que é preciso minimizar a possibilidade de erro. Nosso compromisso primeiro é com a apuração correta. Cabe a nós pesquisarmos, entendermos a questão e relacionarmos os dados. Quanto mais informação você tiver, mais respeito sua fonte terá por você.

Outro ponto importante é a transparência que estabelecemos com nossas fontes. Se queremos que ela nos repasse informações fidedignas, não há outro caminho a não ser a clareza. Não diga que você precisa de uma determinada informação para um fim específico, quando na verdade você quer usar aquela informação em outro contexto. Ao agir corretamente, você sinaliza confiança. Por outro lado, se a fonte quebrar o elo que se estabeleceu e passar uma informação inverídica, não há porque preservar o anonimato.

Não exponha a fonte a riscos desnecessários, a vida é mais importante que a reportagem. Parece óbvio, mas no afã de obter a informação privilegiada deixamos de pensar nas consequências. Nem sempre a reportagem, apesar de desvendar um esquema criminoso ou fraudulento, provoca uma ação imediata por parte das autoridades, e a vida de quem passou aquelas informações pode estar em perigo.

Lembra da história dos boias-frias da maconha? Foi a partir de uma nota em um site sobre uma cidadezinha no interior do Paraguai que decidimos nos aprofundar no assunto sobre o tráfico na fronteira com o Brasil. Só depois de muita pesquisa e com as informações básicas em mãos, iniciamos uma série de conversas e negociações com as fontes.

Conta o repórter Sérgio Utsch:

Eu tinha um contato na fronteira, que sempre me passava

algumas novidades sobre o que acontecia naquela região do Paraguai, na fronteira com o Mato Grosso do Sul. Foi ele quem conversou com um homem que nos levaria até os boias-frias. Logo na primeira conversa, adiantou: "Mas eles vão querer dinheiro pra falar. E não vai ser pouco". Quando perguntei quanto, esperava uma cifra que inviabilizaria a matéria. Até que, alguns segundos depois, veio a resposta: "'Vai ser uns trezentos, trezentos e cinquenta reais".

Não era um investimento absurdo, mas os números não trouxeram alívio. Pelo contrário. Estava começando a parte mais complicada da produção desta reportagem especial, pois a premissa era não pagar pela entrevista. Não foi a primeira vez que recebi uma proposta assim, mas foi o episódio que mais me trouxe dúvidas.

A dúvida só surgiu porque não queríamos uma matéria de denúncia pura. Correríamos o risco de fazer uma abordagem "lugar-comum" num assunto nunca antes tratado pela TV brasileira. Não interessava mostrar, com viés de questão policial, alguns homens trabalhando nas lavouras de maconha do Paraguai. Sim, as leis paraguaias proíbem o plantio, assim com as leis brasileiras. Mas o que havia por trás desse crime? Por que eles foram levados para essa atividade?

À medida que fazia essas perguntas, as respostas me davam certeza de que tínhamos que conversar com eles, saber a história dos milhares de *brasiguaios* que formam parte da base do crime organizado.

E como fazer isso? Chegar às plantações por nós mesmos, sem qualquer segurança e tentar, na sorte, achar um bom boia-fria que entendesse o nosso esforço de reportagem e se convencesse a contar a sua história parecia ser o caminho mais difícil. Era preciso chegar até eles amigavelmente. Era preciso, no mínimo, não condená-los. Mas se fosse preciso pagar pra que eles falassem, a matéria iria pelos ares.

Levei em conta várias hipóteses. Não pago, estufo o peito de orgulho e perco uma grande matéria. Pago, engulo o orgulho, escondo esse detalhe e emplaco uma grande reportagem. Ou uma outra possibilidade: digo que não pago por entrevistas e abro um outro tipo de negociação. A terceira hipótese era a única viável. E foi nela que eu me concentrei. Antes mesmo de consultar meus chefes e falar sobre o que estava acontecendo, disse ao meu contato o que já poderia ter dito na primeira conversa, mas que, felizmente, a experiência me fez dizer depois, mais tranquilamente e com uma outra solução na cabeça. Imaginei que teríamos gastos pra chegar até as plantações, como carro tracionado, combustível, comida, água. Disse à minha fonte que propusesse a eles o pagamento das despesas. A proposta foi aceita mais facilmente do que eu imaginava. Eu sabia que as despesas seriam um pouco inflacionadas. Mas a viagem de ida e volta em estrada de terra, cheia de lama, buracos e alguns caminhos no meio do nada, onde não havia estrada, custou 350 reais. Depois da reportagem, percebi que foi muito barato.

Eles só falaram sob a condição de que não os identificássemos. Não havia outra saída. Se fizéssemos a matéria e, de alguma maneira, mostrássemos o rosto deles, correríamos um grande risco depois. Além disso, não estávamos lidando com os chefes das plantações, que serviam aos traficantes, mas com pessoas que cuidavam da roça. Era esse o nosso foco. Esse foi um detalhe dividido com as instâncias superiores da redação. E houve consenso na hora de decidir que cumpriríamos o trato.

Descobrir os boias-frias da maconha foi descobrir um mundo bem diferente daquele que se estava acostumado a ver no noticiário policial. Não havia condições de compará-los à base do crime organizado no Brasil, os chamados "aviões", adolescentes, jovens e adultos que vendem droga nas bocas de fumo. Só havia uma coincidência: ambos permaneciam no crime porque, em boa parte dos casos, aquela era a única maneira de sobrevivência.

A maioria dos boias-frias trabalhava nas madeireiras da fronteira. Com uma importante participação de empresários brasileiros, a madeira daquela região praticamente acabou. E o crescimento do consumo da maconha no Brasil aumentou a demanda por boias-frias que estivessem dispostos a passar semanas no mato cultivando e colhendo a planta. Eles tinham histórias muito interessantes. Analfabetos, falavam melhor o português do que a maioria dos brasileiros fala o espanhol. Aliás, falavam três línguas: além do espanhol e do português que aprenderam na fronteira, usavam o guarani pra conversar entre eles.

Chegamos a Capitan Bado no início de uma noite de domingo. Nosso encontro estava marcado para poucas horas depois. Sairíamos às três da manhã, levando o mínimo possível de equipamento pra não chamar a atenção de ninguém. Na hora marcada, eles estavam lá numa caminhonete que, segundo a minha fonte, tinha sido roubada no Brasil. Por isso, não atravessavam a fronteira em hipótese alguma.

Havia armas no carro. O motorista levava um revólver debaixo do banco e um dos boias-frias que nos acompanhava carregava uma espingarda. "É pra matar bicho no mato", disse. Não engolimos a justificativa. Para nós, era um aviso de que o trato deveria ser cumprido. Como não havia qualquer acordo sobre a imagem das armas, também não coloquei isso em negociação. Filmamos e colocamos na reportagem.

Depois de quatro horas de viagem, parte delas desatolando o carro em lamaçais intermináveis, chegamos à plantação. Além do boia-fria que viajou conosco, havia outros cinco trabalhando na plantação. Dois deles aceitaram falar. A negociação para a conversa e a negativa de alguns, de certa forma, me trouxe um alívio por não pagar pelas entrevistas. A franqueza da conversa me deu liberdade pra fazer todo tipo de pergunta, inclusive sobre a natureza criminosa do que eles faziam.

Uma das melhores partes da reportagem foi com o prefeito da cidade de Capitan Bado. Franco e aparentemente honesto – tudo o que não esperávamos no Paraguai –, ele falou abertamente sobre o assunto. Disse que os boias-frias da maconha eram um problema social, que precisava ser combatido com soluções de trabalho, não com cadeia. Sem se preocupar com a repercussão daquela entrevista, ele nos revelou que mais de 60% da população do município dependia da maconha pra sobreviver. Não era uma estimativa, um chute. Era a avaliação do prefeito da cidade. Isso deu ainda mais força para a reportagem.

Quando vi a matéria pronta, no ar, em dois episódios, senti um orgulho dos grandes, como há muito não sentia. Tratamos de um tema policial, denunciando inclusive o envolvimento das polícias brasileira e paraguaia, mas avançamos sobre tudo o que já havia sido falado sobre o assunto e revelamos ao Brasil o intrigante mundo dos boias-frias da maconha. Sim, havia uma bela história por trás daquele título.

Leia na íntegra:

CABEÇA: O BRASIL É O SEGUNDO MAIOR CONSUMIDOR DE MACONHA DA AMÉRICA DO SUL. PERDE APENAS PARA A VENEZUELA. O MAIOR PRODUTOR É O PARAGUAI. PELA PRIMEIRA VEZ NA TELEVISÃO BRASILEIRA, VOCÊ VAI VER ESTA HISTÓRIA DE OUTRO ÂNGULO, SEM A PRESENÇA DA POLÍCIA, QUE MUITAS VEZES ESTÁ ENVOLVIDA. O REPÓRTER SERGIO UTSCH FOI ATÉ A REGIÃO PRODUTORA DO PARAGUAI, QUE FORNECE A DROGA PARA O BRASIL. ACOMPANHOU O DIA A DIA DOS

BOIAS-FRIAS QUE TRABALHAM NAS PLANTAÇÕES. ELES SÃO A BASE DO TRÁFICO INTERNACIONAL.

Off 1: Três da manhã... Um carro nos espera no lado paraguaio, a poucos metros da fronteira... Sem documentação, o dono não se arrisca no lado brasileiro.

{sobe som / liga carro}

Off 2: Os primeiros minutos são tensos, de pouca conversa. Os faróis iluminam a estrada de terra... Estamos entrando numa espécie de território proibido...

{sobe som}

{passagem}

Muito mato. Muita terra. Essa é a realidade da fronteira. Nós estamos bem na divisa. Do lado de lá, é o Brasil, aqui, o Paraguai. Essa é uma estrada federal usada pelos paraguaios pra chegar até a capital deles: Assunção. E aqui começa a região das plantações de maconha.

Off 3: Pra vencer os obstáculos, correntes são colocadas nos pneus. Seguimos... Carros sem placa cruzam a estrada. O caminhoneiro ficou no caminho...

{sonora / caminhoneiro} "Tem que esperar secar pra ir de novo."

Off 4: A viagem prossegue... Agora com música...

{sobe som}

Off 5: Passamos por uma barreira do exército. Uma das três que atravessamos, sem nenhum problema....

{sobe som}

Off 6: A estrada fica cada vez menor.... E pior. O carro atola...

{sobe som}

Off 7: Três horas de lama, terra e buracos e chegamos a um acampamento, sujo e muito precário. Este homem é o primeiro que aceita falar...

Repórter: "Você ganha dinheiro com o que exatamente?"

{sonora / boia-fria} "Plantando feijão, mandioca..."

Repórter: "Maconha inclusive?"

{sonora / boia-fria} 'Também, né."

Repórter: "É o que mais rende pra vocês?"

{sonora / boia-fria} "É o que dá mais lucro aqui na região."

Off 8: Ele costuma passar quinze, vinte dias por aqui... Não permite que mostremos a plantação, mas revela quanto ganha...

{sonora / boia-fria}

Repórter: "Pra cada quilo de maconha que você produz, você ganha quanto?"

{sonora / boia-fria} "A turma paga só dez mil guaranis."

Repórter: "Isso dá quanto em reais?"

{sonora / boia-fria} "5 reais."

Off 9: Seguimos... Neste trecho, é preciso cortar o galho que bloqueia o caminho...

{sobe som}

Off 10: Agora, o caminho desaparece...

{sobe som / carro atravessa matagal}

Off 11: A partir deste ponto, só a pé./ Um homem armado segue na frente. É ele quem mostra o que se deve ver e pra onde se deve ir...

{sobe som}

Off 12: Aparece mais uma arma. Pra nós, um alerta de que devemos cumprir o acordo e não identificar nossos guias./

{sobe som}

{passagem}

Quando a gente pensa que não vai ficar pior, olha só: essa é a única maneira de passar por aqui, cruzando esse rio. O pior é que a gente não sabe o que tem aqui embaixo...

Off 13: Depois de mais alguns obstáculos, chegamos a um segundo acampamento./ De lona e madeira..../ Bem no meio de milhares de pés de *Cannabis sativa*, o nome científico da droga que é cultivada aqui e consumida pelos brasileiros./

{passagem}

Não é só no Brasil. As leis paraguaias também proíbem o cultivo e a venda da maconha, mas a impressão que a gente tem aqui no país, especialmente nessa região, uma região produtora, é que essa é uma atividade tolerada, principalmente porque já entrou no ciclo econômico de muitas cidades. É aí que começa a história dos boias-frias da maconha.

Off 14: Este homem há semanas não vê a mulher e as duas filhas pequenas.

{sonora / boia-fria} "Um mês..."

Repórter: "Um mês sem ir em casa?"

{sonora} "Sim."

Off 15: Bem perto dele, outro boia-fria seleciona as plantas que vão virar fumo.

Repórter: "Você se sente um criminoso?"

{sonora / boia-fria} "Acho que não, porque criminoso é que anda roubando, matando. Isso aí é criminoso. Nós 'trabalha' cada dia, a gente trabalha de sol em sol."

Repórter: "Mas a lei te considera um criminoso..."

{sonora / boia-fria}: "Isso é verdade. Mas se a gente for pela lei, a gente não vai comer."

Profissionais preparados

O conhecimento é algo cumulativo. E ele vem da interação entre dois campos distintos, mas que se complementam:

o conhecimento tácito e o conhecimento explícito. Antes de nos aprofundarmos, façamos a distinção entre conhecimento, dados e informação.

Nonaka e Takeuchi definem dados como fatos distintos e objetivos, ao passo que informação é o dado com significado, ou seja, é o dado com agregação de valor por meio de contextualização e categorização. Para os mesmos autores, o conhecimento é uma mistura fluida de experiência condensada, valores, informação contextual e *insight* experimentado.[2]

Feita a distinção, voltemos aos conhecimentos tácito e explícito. Basicamente, o primeiro diz respeito às experiências vividas e o segundo àquilo que pode ser absorvido por meio de livros, filmes, jornais, televisão, documentos, enfim, daquilo que é disponibilizado de forma clara e objetiva para o consumo de todos.

Quando falamos em profissionais preparados, nos referimos à união desses dois campos do conhecimento. Um jornalista com anos de carreira, que pense que não há nada de novo a aprender e não se questione constantemente sobre o seu ofício, provavelmente é um profissional acomodado, que não procura incansavelmente uma reportagem impecável e não percebe sequer quando tem uma boa história na mão.

Por outro lado, também não achamos bem-preparado aquele profissional que tem uma boa formação teórica e poucas experiências vividas. O ideal é o equilíbrio, como em qualquer área.

Em telejornalismo, a especialização ainda é pouco recorrente. Dizem até que o jornalista de televisão é um especialista em generalidades. E isso tem um fundo de verdade. Como as editorias não são tão rígidas, é raro o jornalista que enverede por uma temática exclusiva. Há exceções, é claro. Na cobertura da política nacional, em Brasília, por exemplo, o jornalista acaba se tornando um especialista. No telejornalismo esportivo e na cobertura policial também acontece algo similar. Essas três áreas exigem dos profissionais praticamente dedicação exclusiva, seja pela dinâmica, seja pela necessidade empírica da construção de fontes.

A atividade do jornalista estará cada vez mais baseada na explicação dos fatos e não apenas na explanação dos mesmos. Isso requer uma bagagem de conhecimento sem precedentes, ou seja, é humanamente impossível o profissional conhecer profundamente todas as áreas de cobertura jornalística, mas é possível se aprofundar em determinados assuntos. E reportagens especiais exigem leituras mais complexas da realidade.

Outro ponto importante é que o profissional bem-preparado sabe avaliar melhor quais os riscos da matéria, e essa é uma questão fundamental quando falamos de denúncias, por exemplo.

Os olhares se completam. Uma reportagem especial tem mais chance de sucesso quando a visão de um novato está ao lado de alguém com um pouco mais de estrada. É uma via de mão dupla. O (bom) jovem jornalista com vontade, vibração e instinto pode ter grande importância na execução da reportagem.

Já o jornalista experiente tem olhar aguçado. Ele é capaz de enxergar rapidamente o que funciona e o que deve ser deixado de lado. É uma qualidade que só o tempo oferece aos que trabalham na rua. Um repórter experiente sempre pensa que tudo é difícil. E assim deve ser. Pode formar um time afinado com o contraponto do "já ganhou" do novo profissional.

Nossa série de reportagens "Pirataria *made in Brazil*", transcrita no capítulo "Proposta de um novo modelo", é um exemplo dessa parceria.

Fabio Diamante nos conta:

Lugar de repórter é na rua, o mais perto possível da notícia. Por isso, não consigo me manter distante da produção. Acredito que o repórter que põe a cara no vídeo deve estar ao lado do produtor durante o uso da câmera escondida. É verdade que o risco de ser descoberto e, portanto, da matéria ir por água abaixo, aumenta. Mas a qualidade final do trabalho é indiscutível, incomparável. Não é interessante o repórter só participar da matéria para gravar uma passagem ou uma sonora de gabinete.

Partimos juntos – repórter e produtor – para a execução das reportagens sobre a pirataria, nas cidades de Nova Serrana (MG) e Apucarana (PR). Nos passamos por compradores de tênis, bonés e roupas falsas. Com um discurso afinado, ganhamos a confiança dos fabricantes. A partir daí, pudemos até fazer perguntas pensando nas respostas que receberíamos. Durante a gravação com a microcâmera, éramos capazes de pensar na estrutura da matéria que se desenhava ali, na nossa frente. Saímos das fábricas e já decidíamos quantas matérias teríamos.

Os olhares combinados também aumentam o controle da situação e diminuem o risco. Enquanto o produtor pergunta, o outro presta atenção em todos os envolvidos. Ou enquanto o repórter distrai o gerente da fábrica, o produtor fica livre para conversar com funcionários, gravar imagens da linha de produção.

No papel de jornalista mais experiente, me sinto três vezes responsável: pelo sucesso da matéria, pela minha segurança e pela do jovem jornalista ao meu lado. Sou capaz de apostar que ele sente o mesmo. É assim que o time se completa.

Notas

[1] São Paulo, Contexto, 2008, p.28.

[2] *Criação de conhecimento na empresa*, 5. ed., Rio de Janeiro, Campus, 1997.

Grandes coberturas

Antes mundo era pequeno
porque Terra era grande.
Hoje mundo é muito grande
porque Terra é pequena.
Gilberto Gil, "Parabolicamará"

Algumas notícias mexem com a rotina das pessoas, mudam hábitos da população e se tornam o principal assunto de quem às assiste. Em geral, são histórias cercadas de tragédias e dramas pessoais. Esse fenômeno acontece principalmente com "fatos policiais". E é essa mistura de notícia, audiência e crime que se transforma em grandes lições do jornalismo: quando erramos o tom.

Quando nos vemos diante de um caso de grande repercussão, raros são os momentos em que nos perguntamos: será que o fato era tão importante assim ou fomos nós, jornalistas, que o transformamos em um caso de grande repercussão? Em que medida a nossa cobertura influencia o desfecho?

Vamos ao exemplo: em outubro de 2008, durante cem horas, os olhos de todo o Brasil estiveram voltados para um conjunto habitacional na periferia de Santo André, no ABC paulista. Em um dos apartamentos, Lindemberg Alves, de 22 anos, tomado pelo ciúme, mantinha a ex-namorada Eloá Cristina Pimentel, de 15, refém. Com ela, uma amiga, Nayara Rodrigues, também de 15 anos.

Teve início uma cobertura difícil. Casos de pessoas feitas reféns por namorados, maridos ou mesmo ladrões chamam a atenção. Mexem com sentimentos. O mesmo acontece dentro das redações. O caso Eloá começou a ser coberto como mais um crime passional: "Amanhã acabou".

Aos poucos, emissoras de TV passaram a interromper suas programações com boletins curtos. Os números da audiência cresciam cada vez que o caso ocupava espaço.

Na segunda noite de sequestro, a Polícia Militar pediu que a imprensa colaborasse. As entradas ao vivo, que mostravam como a polícia cercava o prédio, detalhes sobre as negociações e a estratégia dos negociadores atrapalhavam o trabalho dos policiais. O sequestrador assistia à televisão e sabia de tudo que não deveria. O SBT atendeu ao pedido do Grupo de Operações Táticas Especiais, o Gate, naquela noite. O telejornal SBT Brasil estava no ar quando um dos comandantes solicitou que as notícias ao vivo do local não fossem dadas nas próximas horas. O pedido foi atendido por quase todas as emissoras, exceto uma.

Três dias de sequestro e a Rede TV! decidiu falar com o sequestrador. Por telefone, Lindemberg Alves, um criminoso que mantinha duas jovens sob a mira de uma arma, discursou em rede nacional. Fez promessas (nenhuma delas foi cumprida), e se tornou uma "estrela" em segundos. Antes da tal entrevista, ele falava em se entregar. Depois de desligar o telefone, ele disse a um dos negociadores: "O senhor viu? Falei na televisão! Agora mudei de ideia, vamos esperar um pouco mais...".

E o pior aconteceu. Incomodadas com o "furo" na Rede TV! e de olho na audiência, as emissoras deram início a uma corrida pela entrevista do criminoso e pelos números crescentes do Ibope. E assim foi: Globo, Record, Band... O SBT tomou a decisão contrária: não o entrevistar e não mostrar o rosto das reféns, em respeito ao Estatuto da Criança e do Adolescente (ECA). As imagens das meninas na janela do apartamento seriam borradas. Durante o telejornal, o editor-chefe e apresentador do SBT Brasil, Carlos Nascimento, informou aos telespectadores a decisão da emissora. O telespectador que quisesse ouvir as palavras do bandido e ver a expressão de medo de Eloá na janela teria que mudar de canal.

Uma voz solitária. Infelizmente, uma só voz. E assim seguiu a cobertura. O fim foi trágico. A polícia invadiu o apartamento e Lindemberg matou Eloá e feriu Nayara. A cobertura atingiu seu ponto mais dramático. As cenas da invasão foram repetidas centenas de vezes. "Especialistas" em sequestros passaram horas analisando aquelas cenas. Foram tantos especialistas...

A audiência continuava em alta. "As pessoas querem saber mais, se a polícia errou ou acertou..." deve ter sido a frase mais dita em todas as emissoras naqueles dias – incluindo o SBT. Não havia mais o que noticiar, mas a imprensa queria mais. Teve início outra fase de exageros. Mesa-redonda deixou de ser um atrativo dos jornais esportivos. Só se falava nisso. Programas femininos tratavam do caso Eloá. Como não havia mais o que dizer, até repórteres foram entrevistados.

A cobertura foi aos poucos perdendo fôlego e espaço (como sempre acontece). A frase mudou para: "Ninguém aguenta mais esse caso!" Mas os erros ficaram. Nenhum veículo de comunicação de grande alcance discutiu os *nossos* erros. Só se falou sobre prováveis falhas da polícia paulista. O efeito das entrevistas em rede nacional na cabeça do sequestrador sequer foi citado. O excesso de espetáculo e sensacionalismo de alguns programas também não foi discutido.

Com o passar do tempo, jornalistas de diversas redações começaram a reconhecer os exageros. Hoje a avaliação é quase unânime: erramos o tom. Mas esse reconhecimento foi feito apenas internamente. Resta saber como nos comportaremos da próxima vez.

Em grandes coberturas, muitas vezes somos levados pelo senso comum e isso, por si só, já é um erro. Devemos tratar a notícia com a equidistância que ela merece. Quando a cobertura é planejada, fica fácil, é claro.

O trabalho começa bem antes do fato que será noticiado. Envolve a formação de uma equipe específica, o mergulho em questões conceituais e burocráticas, a logística, a definição do foco da cobertura.

Tomemos como exemplo a visita do papa Bento XVI ao país, em 2007. O Brasil é o maior país católico do mundo, portanto, não é difícil imaginar o grau de comoção que a visita do principal representante da instituição pode gerar. Era preciso preparação. De maneira geral, as emissoras de televisão organizaram palestras com representantes da Igreja Católica para entender as questões litúrgicas das cerimônias, para falar da história da Igreja, para discutir um pouco as questões que a instituição enfrenta pelo mundo afora, enfim.

No que se refere à parte operacional, foi organizado um *pool* de emissoras para a captação e a geração de imagens. O ponto primordial era, portanto, o enfoque que cada veículo daria.

Como abordar um assunto tão polêmico, que envolve tanta paixão, em meio a uma crise de identidade da Igreja Católica e para um público predominantemente católico? A primeira visita do papa Bento XVI ao Brasil era a oportunidade que tínhamos para tratar de vários assuntos que frequentavam o noticiário sem muita profundidade: aborto, o papel da mulher na religião, as contradições do catolicismo, a drástica redução no número de padres e fiéis e a resistência do Vaticano em entrar na luta mundial pela redução de doenças sexualmente transmissíveis ao condenar o uso da camisinha. Tínhamos um prato cheio. Mas antes era preciso contextualizar tudo isso.

O período da visita de Joseph Ratzinger coincidiu com uma época de forte crescimento dos evangélicos no Brasil, especialmente da Igreja Universal do Reino de Deus. A Rede Record fez matérias pontuais, num tom que beirava o "crítico". Do outro lado, outras grandes emissoras fizeram uma cobertura com olhar extremamente católico. Nossa cobertura se diferenciou por ter outro viés.

Repórter, produtor, editor, cinegrafista e editor-chefe se sentaram ao redor de uma mesa redonda. Cada um tinha uma tarefa em particular, mas aquela reunião, típica das reportagens especiais, foi essencial para discutir novas ideias e definir seis matérias a serem feitas. A escolha, livre de qualquer orientação editorial, foi por uma cobertura crítica, mas livre das amarras que poderiam nos transformar numa espécie de órgão de defesa dos evangélicos. Se pudéssemos optar por um único adjetivo, seria "independente". Assim, foram definidos os assuntos.

1. A falta de padres e a substituição gradual deles por diáconos, homens casados que exercem várias atribuições dos sacerdotes.

2. A redução do número de fiéis católicos, o aumento do número de evangélicos e as novas empreitadas da cúpula da Igreja Católica no Brasil para reverter essa situação.

3. O papel da Renovação Carismática, grupo que usa técnicas das igrejas neopentecostais – da qual faz parte

a Universal do Reino de Deus – e que, em várias partes do país, freava o processo de esvaziamento das igrejas. Apesar disso, o grupo conservador da Igreja, que inclui o novo papa, não nutria muita simpatia pelos carismáticos. No Brasil, o representante mais famoso do grupo é o padre Marcelo Rossi.

4. As mulheres na Igreja. Ao contrário de outras religiões, no catolicismo as mulheres ainda têm um papel hierarquicamente inferior. Nessa matéria, mostramos a participação delas na Igreja e a reivindicação de um grupo que se denomina "Católicas pelo direito de decidir", que prega a legalização do aborto.

5. Promessas. Nessa matéria, mostramos o lado devoto do católico brasileiro. Em nome da fé, milhares de pessoas fazem sacrifícios considerados, muitas vezes, absurdos pelos próprios padres.

6. Os católicos e as normas católicas. Nem todos que frequentam a Igreja consideram razoáveis as regras impostas pelo Vaticano, como a condenação ao uso da camisinha e ao aborto. Contraditoriamente, a maior parte dos católicos brasileiros é favorável ao uso da camisinha e ao aborto em casos de estupro ou quando houver situação de risco para a gestante.

A série foi exibida uma semana antes da chegada do papa Bento XVI ao Brasil. Patrocinamos uma boa discussão, que envolveu filósofos, católicos, estudiosos e religiosos. Todas as reportagens foram muito trabalhadas, desde a fase de produção até a redação e finalização. Assim, tinham uma trilha sonora específica e escolhida com cuidado, uma vinheta que antecedia a exibição com o *slogan* "Igreja em xeque", em que a peça bispo era destacada num tabuleiro de xadrez. Era uma alusão a um momento em que a Igreja dá lances decisivos para a sua sobrevivência no difícil e polêmico dever de explicar o que a ciência não consegue.

Encontrar o diferencial e o tom das grandes coberturas não são tarefas simples. Na maior parte das vezes, as redações acabam engolidas pela onda. Ninguém quer ficar de fora daquele momento. Assistir ao veículo concorrente dar uma notícia que não temos é dolorido, assim como também dói a constatação do erro.

Não há fórmulas que definam o momento certo de entrar ou sair de um caso. O que há são princípios que devem ser construídos de forma coletiva em uma redação, tendo como horizonte sempre o interesse público. Não é possível dar as costas para a notícia, mas é imprescindível tratá-la com dignidade, fugir do sensacionalismo barato, mesmo que em certa medida ele represente alguns pontos no Ibope. O público não é uma massa uniforme e há telespectadores que querem mais que isso.

A voz

Tudo se acaba
Olha o noticiário.
Ana Carolina, "Notícias populares"

A televisão faz parte da vida da maioria das pessoas e associa dois importantes sentidos para a comunicação humana: a visão e a audição. Passar a informação com clareza e credibilidade é uma das principais funções dos noticiários de TV. A voz, nesse contexto, assume fundamental importância, uma vez que dá sentido à imagem. Por meio da voz, a informação tem que ser compreendida por todos, do agricultor ao intelectual.

Durante muito tempo, o padrão de narração utilizado por apresentadores e repórteres de TV era semelhante ao usado no rádio. A voz era típica, mais "impostada", quase interpretada. Com os avanços tecnológicos, a evolução do próprio veículo, além das mudanças culturais, políticas e sociais, houve também uma modificação na estética vocal desses profissionais. Hoje, a narração é mais coloquial, mais próxima ao telespectador. Assemelha-se, às vezes, a uma conversa com um amigo. A valorização dessa comunicação mais direta permite a manutenção de características pessoais do profissional de TV como o sotaque, por exemplo, desde que ele não seja excessivo. A diversidade de pronúncias dos sons que identificam e caracterizam as diferentes regiões do Brasil fazem com que o telespectador se identifique ou mesmo "mate a saudade" do seu povo, de suas origens.

A voz, na transmissão da mensagem, não é o único parâmetro que deve ser levado em conta. A preocupação com a comunicação não verbal consiste também na adequação da postura corporal, dos gestos e da expressão facial ao contexto da notícia. É preciso saber narrar de maneira diferente assuntos como uma guerra no Oriente Médio e uma feira internacional de gastronomia. Cada reportagem exige um tom certo, uma velocidade de fala específica, a colocação de ênfases em palavras-chave, que valorizarão o que há de mais importante no texto. A narração deve apresentar variação de frequência e intensidade, com ênfases adequadas e sem repetição de modulação. O uso inadequado desses recursos pode passar ao telespectador um conteúdo equivocado, o que comprometerá a compreensão final da mensagem. Por isso, a leitura dos textos exige treino e tempo.

Cuide-se e exercite-se

A voz é a nossa primeira forma de comunicação. Por ela, passamos o que somos e o que sentimos. A sua produção inicia-se com a emissão de ar por parte dos pulmões, com a ajuda do diafragma. Quando o ar atinge as pregas vocais (ou cordas vocais, como é popularmente conhecida), provoca a sua vibração, dando origem aos sons, que são amplificados e modificados pela faringe, laringe e boca.

Conforme a quantidade de ar, as nossas pregas vocais vibram mais ou menos vezes, e isso determina se o tom da nossa voz sairá mais agudo ou mais grave. Nos tons graves, as pregas vocais vibram em média oitenta vezes por segundo, enquanto nos tons mais agudos, elas podem vibrar até mil vezes.

A demanda vocal exigida de apresentadores e repórteres de tv é muito grande. Isso sugere a necessidade de orientação específica acerca do melhor uso dos atributos vocais e da expressão oral. Os repórteres atuam em condições muito adversas, como variação climática e exposição ao ruído sonoro e ambiental, por exemplo. Não podemos esquecer do fator *stress* que influencia diretamente na voz, principalmente em situações de entrada ao vivo.

Para cuidar da saúde vocal é preciso:

- Hidratar-se: Beba muita água (7 a 8 copos por dia), pois a hidratação das pregas vocais permite que elas vibrem livremente, reduzindo seu atrito. Sucos, bebidas isotônicas e chá de frutas também podem ser consumidos.

- Não fume, pois o cigarro provoca tosse, pigarro, irritação, aumento de secreção e infecções, que são fatores de agressão às pregas vocais. Além disso, é um dos principais fatores desencadeantes do câncer de laringe e de pulmão.

- Procure não ingerir bebidas alcoólicas, pois, assim como o fumo, elas agridem as cordas vocais, sobretudo as destiladas (pinga, conhaque, vodca etc.). O álcool provoca um efeito de anestesia, fazendo com que forcemos a fala.

- Evite hábitos nocivos à voz, como gritar, pigarrear, tossir constantemente, rir ou falar alto. Esses comportamentos provocam "choques mecânicos" entre as pregas vocais, podendo causar lesões como os nódulos (os famosos calos), pólipos e edemas (inchaço).

- Não sussurre, porque ao contrário do que pode parecer, o esforço ao aparelho fonador para sussurrar é maior e mais desgastante do que para se falar normalmente.

- Evite ambientes com ar-condicionado, pois esse aparelho causa ressecamento do trato vocal, que é a região compreendida entre os lábios e as pregas vocais.

- Evite o uso de roupas apertadas nas regiões da garganta e da cintura. Qualquer alteração no processo respiratório implicará numa fonação (produção de voz) tensa e com esforço.

- Prefira uma alimentação leve e rica em fibras a alimentos pesados. Evite leite e derivados antes de usar a voz profissionalmente, porque há um aumento da quantidade e da viscosidade da mucosa no aparelho respiratório. Opte por sucos cítricos, que aumentam a salivação e relaxam a musculatura da garganta devido ao maior número de deglutições. Fique atento, entretanto, se você tiver refluxo gastroesofágico.

- Abuse da maçã – ela contém pectina, uma substância adstringente que higieniza a cavidade oral.

- Lembre-se que repousar e dormir é fundamental para repor as energias. Quando estamos cansados, "economizamos" na articulação das palavras, movimentando pouco a boca. Isso compromete a inteligibilidade da fala e provoca uma fonação tensa.

- Faça exercícios vocais regularmente. O aquecimento e o desaquecimento vocal vão garantir uma qualidade neutra à voz, sem a presença de rouquidão ou outra característica que provoque ruído como a soprosidade, por exemplo. É fundamental que esses exercícios sejam fornecidos e supervisionados por um fonoaudiólogo.

- Procure um médico otorrinolaringologista ao primeiro sinal de alteração na voz. Ele é o profissional indicado para avaliar e tomar a conduta necessária para cada caso.

Aquecimento vocal

Há técnicas de aquecimento específicas para diferentes tipos de dificuldades vocais, mas algumas são universais, como movimentar a boca como se estivesse mastigando, com ou sem som, de boca aberta e fechada; vibrar a língua e os lábios, emitir consoantes sonoras de maneira prolongada (vv.........., z........., j.......) num mesmo tom e depois modulando (indo do grave para o agudo e vice-versa). Os exercícios devem ser feitos de início em intensidade fraca, aumentando gradativamente.

Articulação

A articulação (ou dicção) diz respeito aos movimentos que fazemos com os articuladores (lábios, língua) para produzir os sons da fala. Esses movimentos "desenham cada som". Uma articulação travada ou imprecisa compromete a compreensão da mensagem e distrai o telespectador. Para "destravar" a articulação, repita de maneira exagerada (abrindo bem a boca) as sequências abaixo:

PA TA CA PE TE QUE PI TI QUI PO TO CO PU TU CU
BA DA GA BE DE GUE BI DI GUI BO DO GO BU DU GU
FA SA XA FE SE XE FI SI XI FO SO XO FU SU XU
VA ZA JA VE ZE JE VI ZI JI VO ZO JO VU ZU JU
MA NA NHA ME NE NHE MI NI NHI MO NO NHO MU NU NHU

PRA TRA CRA PRE TRE CRE PRI TRI CRI PRO TRO CRO PRU TRU CRU

BRA DRA GRA BRE DRE GRE BRI DRI GRI BRO DRO GRO BRU DRU GRU

FRA SRA XRA FRE SRE XRE FRI SRI XRI FRO SRO XRO FRU SRU XRU

VRA ZRA JRA VRE ZRE JRE VRI ZRI JRI VRO ZRO JRO VRU ZRU JRU

PLA TLA CLA PLE TLE CLE PLI TLI CLI PLO TLO CLO PLU TLU CLU

BLA DLA GLA BLE DLE GLE BLI DLI GLI BLO DLO GLO BLU DLU GLU

FLA SLA XLA FLE SLE XLE FLI SLI XLI FLO SLO XLO FLU SLU XLU

VLA ZLA JLA VLE ZLE JLE VLI ZLI JLI VLO ZLO JLO VLU ZLU JLU

Repita as frases a seguir articulando bem cada som:

- O prestigiador prestativo e prestatário está prestes a prestar a prestidigitação prodigiosa e prestigiosa.

- A prataria da padaria está na pradaria prateando prados prateados.

- Os quebros e requebros do samba quebram os quebrantos dos falsos santos.

- Brito britou brincos de brilhantes, brincando de britador.

- Branca branqueia as cabras brabas nas barbas das bruacas e bruxas branquejantes.

- Trovas e trovões trovejam trocando quadros entre os trovadores esquadrinhados nos quatro cantos.

- O dromedário destruiu as drogas na drogaria Andrômeda, porque foi drogado com a droga quadrada.

- O lavrador é livre na palavra e na lavra, mas não pode ler o livro que o livreiro quer vender.

- Um atleta atravessa o Atlântico em busca da Atlântida que viu num atlas.

- Quero que o clero preclaro aclare o caso de Clara e declare que Tecla se engana no que clama e reclama.

Sotaque

O sotaque é definido como a pronúncia característica de um indivíduo de uma certa região e meio social. Se isso prejudicar a vida profissional do indivíduo, alguns exercícios podem suavizá-lo:

- Descubra qual ou quais os fonemas (sons) estão "exagerados". Observe o seu gesto articulatório na frente de um espelho.

- Procure pronunciá-los em um tempo reduzido e de uma forma menos intensa.

- Repita-os diversas vezes ao dia com diferentes vogais.

- Repita palavras com esses fonemas. Depois faça frases com elas. Exemplo: haste, este, poste, arte, carta.

- Escolha uma atividade de conversa espontânea na qual seja possível prestar atenção na suavização do seu sotaque, como: telefone, palestra, entrevista.

Caso essas dicas não sejam suficientes ou você precise de um trabalho mais específico e aprofundado, procure um fonoaudiólogo. Ele é o profissional qualificado para avaliar e propor mudanças na sua fala e/ou voz.

Recursos não verbais

Fazem parte desses recursos a ênfase, a modulação da voz (inflexões), as pausas e a velocidade de fala.[1] São fundamentais para mudar o sentido do texto.

Ênfase – funciona como um destaque na emissão. Pode ser executada reforçando a sílaba tônica da palavra, identificando a velocidade da fala, articulando mais precisamente os sons ou alterando a frequência da voz (falar mais agudo ou mais grave). A ênfase deve ser dada nas palavras de valor, ou seja, naquelas que têm grande importância para o texto. A intenção do discurso muda de acordo com cada palavra enfatizada.

Exemplos:

- O número de *vítimas* de acidente de trânsito caiu pela metade em São Paulo.

- O número de vítimas de acidentes de trânsito caiu pela *metade* em São Paulo.

Modulação/Inflexão – é a melodia da fala, podendo ser classificada como ascendente, descendente ou com variações. Usamos a primeira opção quando fazemos uma pergunta ou quando o conteúdo está associado a sentimentos positivos e alegres. Já a inflexão descendente é utilizada quando finalizamos a emissão ou concluímos um pensamento. É o ponto final da fala. Deve-se tomar cuidado, entretanto, com a repetição das inflexões, pois podem deixar o discurso monótono e repetitivo. A modulação ideal é aquela que apresenta variação de velocidade (rápida, lenta), intensidade (forte, fraco) e frequência da voz (grave, agudo).

Exemplo:

Vamos ao shopping? (*Inflexão ascendente*)

Foram dezesseis dias de competição em Pequim e cento e setenta recordes batidos. (*Inflexão descendente*)

Pausas – são fundamentais e fazem parte do discurso. Permite que o ouvinte assimile o que foi dito e que o falante respire antes de iniciar ou continuar um pensamento. O excesso de pausas deixa o discurso entrecortado e quebra a linha de raciocínio do ouvinte. Além disso, transmite a sensação de monotonia e ansiedade. Já a falta de pausas passa a ideia de afobação e desespero. As pausas devem ser feitas de maneira natural. Pausas feitas de maneira adequada tornam a fala mais clara, dando uma ênfase natural àquilo que se deseja valorizar.

Gestos – O movimento corporal adequado no telejornalismo é aquele que combina com a palavra: é sóbrio, discreto e preciso para o momento da narração. Deve estar associado à palavra enfatizada.

Os gestos são movimentos do corpo que comunicam ideias, sentimentos ou intenções e devem sempre ser utilizados de acordo com o contexto. Movimentos aleatórios ou repetitivos distraem a atenção do telespectador. Os gestos são classificados como *emblemáticos* (são independentes da fala, mas têm uma tradução verbal conhecida pelos membros de uma cultura – como colocar o dedo indicador sobre os lábios pedindo silêncio), *ilustradores* (como o próprio nome diz, ilustra a palavra, como se as mãos a estivessem desenhando. Exemplo: gestos de enumeração) e *reguladores* (mantém a interação do falante com o(s) ouvinte (s), como balançar positivamente a cabeça enquanto o outro fala).

Nas passagens, o ideal é que os repórteres realizem de dois a quatro gestos, de preferência com os dedos unidos e depois retornem as mãos em posições neutras. Devem ser evitados gestos bruscos, realizados com os dedos afastados e que transmitam ideias confusas. Nas situações de apresentação em que há períodos longos de narração, é aconselhável uma posição neutra para as mãos.

Nota

[1] L. R. Kyrillos et al., *Voz e corpo na TV*: a fonoaudiologia a serviço da comunicação, São Paulo, Globo, 2003a.

A melhor reportagem

Começar de novo e contar comigo
Vai valer a pena ter amanhecido
Ter me rebelado, ter me debatido
Ter me machucado, ter sobrevivido
Ter virado a mesa, ter me conhecido
Ter virado o barco, ter me socorrido.

Ivan Lins e Victor Martins,
"Começar de novo"

A música que abre esse último capítulo resume bem o modo como pensamos o jornalismo. Não sabemos por que você se decidiu pela profissão, mas recomendamos que pense sobre isso todos os dias.

A forma como vai conduzir sua carreira depende dos questionamentos que você fará. Nossa profissão não é das mais estáveis, mais seguras, nem das mais rentáveis. E se, mesmo sabendo disso, você a escolheu é porque provavelmente se apaixonou por ela.

Pois então cuide! Não ligue o "piloto automático", um dos piores pecados para um jornalista. Não se permita cair na mesmice, isso beira à mediocridade. Há os que parecem não se importar, o mercado está cheio deles. E também daqueles que reclamam e esquecem que escolheram os próprios caminhos.

Fuja da crítica simplista, proponha soluções. Procure diariamente as boas histórias, mesmo quando elas estão na história mais corriqueira. Pauteiro, repórter, editor, enfim, são apenas cargos. Você não é a função. Você é jornalista!!!

Tenha como obrigação sempre propor um novo olhar. Já nas primeiras páginas falamos que a melhor reportagem é aquela que ainda está por vir, lembra? Pois então, que tal começar a colocar as novas ideias no papel? Mãos à obra!

Bibliografia

BISTANE, Luciana; BACELLAR, Luciane. *Jornalismo de TV*. São Paulo: Contexto, 2005.

KOVACH, BILL; ROSENSTIEL, TOM. *Os elementos do jornalismo*. São Paulo: Geração, 2003.

KYRILLOS, L. R. A Voz. In: KYRILLOS et al. *Voz e corpo na TV*: a fonoaudiologia a serviço da comunicação. São Paulo: Globo, 2003a.

_____ (org.). *Fonoaudiologia e telejornalismo*: relatos de experiência na rede Globo de televisão. São Paulo: Revinter, 2003b.

NOBLAT, Ricardo. *A arte de fazer um jornal diário*. São Paulo: Contexto, 2008.

NONAKA, I; TAKEUCHI, H. *Criação de conhecimento na empresa*. 5. ed. Rio de Janeiro: Campus, 1997.

PATERNOSTRO, Vera Íris. *O texto na TV*: manual de telejornalismo. Rio de Janeiro: Campus, 1999.

RECTOR, M.; COTES, C. Uso das expressividades corporal e articulatória. In: KYRILLOS, L. R. (org.). *Expressividade*: da teoria à prática. São Paulo: Revinter, 2005.

Os autores

Alexandre Carvalho

Formou-se em Comunicação Social em 1992 e possui pós-graduação em Marketing. Ao longo dos anos trabalhou em diversas funções nas principais redações do país. Na área acadêmica atua como professor em disciplinas ligadas a Telejornalismo e Ética. Atualmente, assumiu um desafio internacional em Angola e coordena a produção do programa jornalístico Angola em Movimento.

Fabio Diamante

Formou-se em Jornalismo em 1995, nas Faculdades Integradas Alcântara Machado (FIAM). Fez pós-graduação em Direito do Terceiro Setor, na Fundação Getúlio Vargas (FGV). Como repórter, trabalhou nos jornais *O Diário Popular* e *O Estado de São Paulo* e na TV Bandeirantes. Atualmente, é repórter do SBT.

Thiago Bruniera

Formou-se em Jornalismo em 2006, na Universidade Metodista, em São Bernardo do Campo. Trabalhou na Rede Mulher e na

Rede Record de Televisão como produtor e chefe de reportagem. Atualmente, é produtor do Jornalismo do SBT.

Sérgio Utsch

Formou-se em Jornalismo pelo Centro Universitário de Belo Horizonte (Uni-BH). Trabalhou na TV Globo e desde 2005 integra a equipe do telejornal SBT Brasil. Em 16 anos de carreira, já cobriu os Jogos Olímpicos da China, a Copa do Mundo da Alemanha, o conflito árabe-israelense além do terremoto de 2010 no Haiti.